신주사기 8

여태후본기

효문본기

이 책은 롯데장학재단의 지원을 받아 번역, 출간되었습니다.

신주사기 8/ 여태후본기·효문본기

초판 1쇄 인쇄 2020년 3월 1일
초판 1쇄 발행 2020년 3월 16일

지은이 (본문) 사마천
      (삼가주석) 배인·사마정·장수절
번역 및 신주 한가람역사문화연구소 사기연구실

펴낸이 이덕일
펴낸곳 한가람역사문화연구소

등록번호 제2019-000147호
주소 서울특별시 마포구 마포대로라길 8 2층
전화 02) 711-1379
팩스 02) 704-1390
이메일 hgr4012@naver.com

ISBN 979-11-969482-8-3 93910

이 도서의 국립중앙도서관 출판시도서목록(CIP)은
서지정보유통지원시스템 홈페이지(http://seoji.nl.go.kr)와
국가자료공동목록시스템(http://www.nl.go.kr/kolisnet)에서 이용하실 수 있습니다.
(CIP제어번호: CIP2020005180)

세계 최초
**삼가주석
완역!**

신주
사기

⑧

여태후본기
효문본기

지은이
본문_ 사마천
삼가주석_ 배인·사마정·장수절
번역 및 신주
한가람역사문화연구소 사기연구실

한가람역사문화연구소

차
례

新註史記

효무본기 孝文本紀

사기 제10권 史記卷九

사기 제9권 史記卷九

여태후본기 呂太后本紀

제1장

여태후의 세상이 열리다

척부인을 사람돼지로 만들다

여태후呂太后는[1] 고조가 미천할 때의 비妃로[2] 효혜제孝惠帝와[3] 딸 노원태후魯元太后를[4] 낳았다. 고조가 한왕漢王이 되었을 때 정도定陶에서 척희戚姬(척부인)를[5] 맞이하고 총애해서 조은왕趙隱王 여의如意를 낳았다. 효혜제는 사람됨이 인자하나 유약해서 고조는 자신을 닮지 않았다며 늘 태자를 폐할 것을 생각하고 척희의 아들 여의를 세우고자 여의가 자신을 닮았다고 했다. 척희가 총애를 받아 늘 주상을 따라 관동關東으로 가서 밤낮 울면서 자신의 아들을 태자로 교체하여 세우려고 했다.

呂太后[1]者 高祖微時妃[2]也 生孝惠帝[3] 女魯元太后[4] 及高祖爲漢王
得定陶戚姬[5] 愛幸 生趙隱王如意 孝惠爲人仁弱 高祖以爲不類我
常欲廢太子 立戚姬子如意 如意類我 戚姬幸 常從上之關東 日夜啼
泣 欲立其子代太子

① 呂太后여태후

집해 서광徐廣은 "여후呂后의 아버지 여공呂公은 한漢나라 원년 임사후臨泗侯가 되었다가 4년에 죽었으며 고후高后 원년에 시호를 여선왕呂宣王이라고 추증했다."라고 했다.

【集解】 徐廣曰 呂后父呂公 漢元年爲臨泗侯 四年卒 高后元年追謚曰呂宣王

② 妃비

집해 《한서음의》에는 "비妃의 휘諱는 치雉이다."라고 했다.

【集解】 漢書音義曰 諱雉

색은 여태후의 휘는 치雉이고 자字는 아후娥姁라고 했다.

【索隱】 諱雉 字娥姁也

신주 《한서》에 사고師古는 "이름은 치雉이고 자字는 아후娥姁이다."라고 했다.

③ 孝惠帝효혜제

집해 《한서음의》에는 "효혜제의 휘諱(이름)는 영盈이다."라고 했다.

【集解】 漢書音義曰 諱盈

효혜제孝惠帝(서기전 210년~서기전 188년)는 자字는 만滿으로 서한西漢의 제2대 황제이다. 서기전 195년 6월 23일~서기전 188년 9월 26일까지 약 7년 동안 재위했다.

④ 魯元太后노원태후

한고조漢高祖의 장녀로 여후呂后의 소생이다. 식읍食邑이 노魯에 있었고, 큰 딸이었기 때문에 노원魯元이라고 했다. 조왕趙王 장오張敖와 결혼해서 낳은 딸을 그의 동생 효혜제孝惠帝의 황후로 삼았다. 효혜제孝惠帝 2년(서기전 194년)에 노원공주의 아들 언偃이 노왕魯王이 됨으로써 여후呂后가 태후太后로 존칭할 것을 명해 노원태후魯元太后로 불렸다. 고후高后 원년元年(서기전 187년)에 병으로 죽었다.

⑤ 戚姬척희

여순如淳은 "姬는 '이怡'로 발음하는데 여러 첩들의 총칭이다."라고 했다. 《한관의漢官儀》에는 "희첩姬妾이 수백 명이다."라고 했다. 소림蘇林은 "청하국清河國에는 비리妃里(비 마을)가 있는데 문에다 '희姬'라는 글을 쓴다."고 했다. 신찬臣瓚은 《한질록령漢秩祿令》과 《무릉서茂陵書》에 희姬는 내관內官인데 녹봉이 2,000석에 견주고 위차位次는 첩여倢伃 아래에 있으며 칠자七子와 팔자八子 위에 있다."고 했다.

【集解】 如淳曰 姬音怡 眾妾之總稱也 漢官儀曰 姬妾數百 蘇林曰 清河國有妃里 而題門作 姬 瓚曰 漢秩祿令及茂陵書姬 內官也 秩比二千石 位次倢

仔下 在七子 八子之上

색은 여순은 "이怡로 발음하는 것은 잘못이다. 《무릉서》에서 '희姬
는 내관內官이다'라고 한 것이 옳은 것이다. 그런데 관호官號인 부인夫人
을 모두 희姬라고 통칭通稱하지만 희姬는 주周나라의 종성宗姓(왕실의 성
씨)이다. 《좌전》에 백희伯姬와 숙희叔姬라고 칭한 바는 천자의 종녀宗女
(공주)로써 다른 성씨보다 귀하게 여겨 마침내 희姬를 부인들의 아름다
운 호칭으로 삼았다. 그래서 시詩에 '비록 희강姬姜이 있으니 초췌해도
버리지 않는다네.'라고 한 것이 이 뜻이다."라고 했다.

【索隱】 如淳音怡 非也 茂陵書曰 姬是內官 是矣 然官號及婦人通稱姬者
姬 周之姓 所以左傳稱伯姬 叔姬 以言天子之宗女 貴於他姓 故遂以姬爲婦
人美號 故詩曰 雖有姬姜 不弃顦顇 是也

여후는 나이가 많고 항상 집안에만 머물러 주상을 뵈올 때가 드
물어 더욱 소원해졌다. 여의를 옹립하여 조왕으로 삼은 후에는
태자 교체를 원한 것이 수 차례였으나 대신들의① 간쟁과② 유후
장량의 계책에② 힘입어 태자는 폐위되지 않았다.

呂后年長 常留守 希見上 益疏 如意立爲趙王後 幾代太子者數矣 賴
大臣①爭之② 及留侯策③ 太子得毋廢

---

① 大臣대신

장량張良과 숙손통叔孫通 등이다.

【索隱】 張良 叔孫通等

② 賴大臣爭之뢰대신쟁지

〈유경숙손통열전劉敬叔孫通列傳〉과《통감절요通鑑節要》등에
자세히 보인다. 숙손통叔孫通이 진晉나라 헌공獻公이 태자를 폐하고 해
제奚齊를 세운 일과 진秦나라가 부소를 태자로 정하지 않았다가 조고의
농단으로 나라가 멸망했음을 예로 들고 간하여 폐태자廢太子하려는 한
고조의 마음을 돌렸는데, 대신 중에도 이에 대하여 간쟁하는 자가 많
았다.

③ 留侯策유후책

태자에게 자신을 낮추는 겸손한 말과 편안한 수레로 사호四皓
(상산에 숨어 살던 네 명의 은자)를 영접하도록 했다.

【索隱】 令太子卑詞安車 以迎四皓也

유후는 곧 장량이다. 장량이 여후呂后의 호소를 듣고 고조가
존경하던 사호 동원공東園公, 기리계綺里季, 하황공夏黃公, 용리선생用里
先生을 부르라는 계책을 알려주었다.《통감절요》에 여후에게 명을 받은
여택呂澤이 이들을 영접해서 고조를 뵙게 하니 "태자가 인자하고 효성
스럽고 공경하며 선비들을 사랑하시어, 천하 사람들이 목을 늘이고 태

자를 위해 죽기를 원하지 않는 자가 없다고 합니다. 그러므로 신들이 온 것입니다."라고 호소했다. 고조가 "공들에게 번거롭게 당부하노니 부디 끝까지 태자를 조호調護하라."고 답했다.

여후呂后(여태후)는 사람됨이 강의剛毅(강직해서 굴하지 않음)했다. 고조를 보좌하여 천하를 평정하고, 대신들을 주벌誅罰하는데 여후의 힘이 컸다. 여후는 두 명의 오라비를 모두 장군으로 삼았다. 큰 오빠 주여후周呂侯가① 일로써 죽자 그의 아들 여태呂台를② 역 땅에 봉하여 역후酈侯로③ 삼고 여산呂産은 교후交侯로④ 삼고, 작은 오빠 여석지呂釋之는 건성후建成侯로⑤ 삼았다.

呂后爲人剛毅 佐高祖定天下 所誅大臣多呂后力 呂后兄二人 皆爲將 長兄周呂侯①死事 封其子呂台②爲酈侯③ 子産爲交侯④ 次兄呂釋之爲建成侯⑤

---

① 周呂侯주여후

집해 서광은 "이름은 택澤이고 고조高祖 8년(서기전 199년)에 죽었다. 시호는 영무후令武侯이고 추시追諡(추증한 시호)는 도무왕悼武王이다."라고 했다.

【集解】 徐廣曰 名澤 高祖八年卒 諡令武侯 追諡曰悼武王

신주 주여후 여택呂澤은 팽성彭城 전투에서 전사했는데, 이 일을 말한 것이다.

② 呂台여태

색은 정현과 추탄생은 모두 '이怡'로 발음한다고 했고, 소림은 '태胎'로 발음한다고 했다.

【索隱】 鄭氏 鄒誕並音怡 蘇林音胎

③ 酈侯역후

집해 서광은 "역酈은 다른 본에는 '부酈'로 되어 있다."고 했다.

【集解】 徐廣曰 酈 一作酈

④ 交侯교후

집해 서광은 "여태呂台의 아우이다."라고 했다.

【集解】 徐廣曰 台弟也

⑤ 建成侯건성후

집해 서광은 "혜제惠帝 2년에 죽었는데 시호는 강왕康王이다."라고 했다.

【集解】 徐廣曰 惠帝二年卒 諡康王

고조는 재위 12년 4월 갑진甲辰일에 장락궁에서 붕어하고 태자가 그 호칭을 계승해서 황제가 되었다. 이때 고조에게는 8명의 아들이 있었다. 장남長男 유비劉肥는 효혜제孝惠帝의 형이다. 어머니가 달랐으며① 유비劉肥는 제왕齊王이 되었다. 나머지는 모두 효혜제의 아우였다. 척희戚姬의 아들 여의如意는 조왕趙王이 되었고, 박부인薄夫人의 아들 항恆은 대왕代王이 되었다. 여러 희姬의② 아들 중 회恢는 양왕梁王이 되었고, 우友는 회양왕淮陽王이 되었으며, 장長은 회남왕淮南王이 되었고, 건建은 연왕燕王이 되었다. 고조의 아우 유교劉交는 초왕楚王이 되었고, 형의 아들 유비劉濞는③ 오왕吳王이 되었다. 유씨劉氏가 아닌 공신이었던 파군番君 오예吳芮의 아들 신申은 장사왕長沙王이 되었다.

高祖十二年四月甲辰 崩長樂宮 太子襲號爲帝 是時高祖八子 長男肥 孝惠兄也 異母① 肥爲齊王 餘皆孝惠弟 戚姬子如意爲趙王 薄夫人子恆爲代王 諸姬②子子恢爲梁王 子友爲淮陽王 子長爲淮南王 子建爲燕王 高祖弟交爲楚王 兄子濞③爲吳王 非劉氏功臣番君吳芮子臣爲長沙王

① 異母이모

| 색은 | 어머니는 조희曹姬이다.

【索隱】 母曰曹姬也

신주 《한서》〈고오왕전高五王傳〉에 "고조가 미천했을 때의 혼외 부인이라."고 했다.

② 諸姬제희

신주 한고조의 여러 첩을 말한다. 척희戚姬, 보희薄姬 이외에도 석희石姬, 조희趙姬, 관부인管夫人, 조자아趙子兒. 등이 있었다.

③ 劉濞유비

신주 유비(서기전 216년~서기전 154년)는 패군沛郡 풍읍豐邑(지금의 서주시徐州市 풍현丰縣) 사람이다. 한고조의 조카이며, 한고조 형 유희劉喜의 장자이다. 영포의 봉기를 평정한 공로로 숙부 한고조로부터 오왕吳王에 봉해져 42년간 재위했다. 한경제漢景帝 때 칠국七國의 반란을 주도했다가 패한 후 동구국東甌國 사람들에게 피살되었다.

여후는 척부인과 그의 아들 조왕을 가장 원망하여 곧 영항_{永巷}에① 척부인_{戚夫人}을 감금하고 조왕을 불렀다. 사신이 세 번 갔으나 되돌아왔는데, 조나라 재상인 건평후_{建平侯} 주창_{周昌}이② 사신에게 말했다.

"고제께서 신에게 조왕을 부탁하셨는데 조왕은 나이가 어립니다. 남몰래 들어보니 태후께서 척부인을 원망해서 조왕을 불러 함께 죽이려고 한다고 하여 신이 감히 왕을 보내지 못하겠습니다. 왕께서도 또한 병이 있어 조서를 받들지 못합니다."

여태후가 크게 화가 나서 사신을 보내 조나라 재상을 불렀다. 조나라의 재상 주창이 불려와 장안에 이르자 사신을 보내 조왕을 다시 불렀다. 조왕이 떠나 아직 장안에 도착하지 못했다. 효혜제는 자애롭고 인자해서 태후가 노한 것을 알고 스스로 조왕을 패상_{霸上}에서 맞이해 함께 입궁하여 조왕을 곁에 두고 기거와 숙식을 함께했다. 그래서 여태후가 죽이려고 했으나 틈을 얻지 못했다.

呂后最怨戚夫人及其子趙王 迺令永巷①囚戚夫人 而召趙王 使者三反 趙相建平侯周昌②謂使者曰 高帝屬臣趙王 趙王年少 竊聞太后怨戚夫人 欲召趙王幷誅之 臣不敢遣王 王且亦病 不能奉詔 呂后大怒 迺使人召趙相 趙相徵至長安 迺使人復召趙王 王來 未到 孝惠帝慈仁 知太后怒 自迎趙王霸上 與入宮 自挾與趙王起居飮食 太后欲殺之 不得閒

① 永巷영항

집해　여순은 "《열녀전列女傳》에 주선왕周宣王의 강후姜后가 비녀와 귀고리簪珥를 빼고 죄를 받기 위해 영항永巷에서 기다렸다고 했으며, 뒤에 이름을 액정掖庭이라고 고쳤다."고 했다.

【集解】 如淳曰 列女傳云周宣王姜后脫簪珥待罪永巷 後改爲掖庭

색은　영항永巷은 별궁別宮 이름인데 긴 복도[長巷]가 있어서 이름 지은 것이다. 뒤에 액정掖庭이라고 고쳤다. 상고해보니 위소韋昭가 액문掖門 안에 있기 때문에 액정掖庭을 이른 것이다.

【索隱】 永巷 別宮名 有長巷 故名之也 後改爲掖庭 按 韋昭云以爲在掖門內 故謂之掖庭也

② 周昌주창

신주　주창(?~서기전 192년)은 패군沛郡 사람으로 진나라 말기 진승과 오광의 봉기 때 유방을 따라 관문에 들어가 진나라를 격파했다. 어사대부御史大夫에 임명되었고 분음후汾陰侯에 봉해졌다. 유방이 태자를 폐하려 할 때, 그의 직언으로 그 논의를 중단시켰다. 후에 여의如意가 여후呂后에게 죽임을 당하자 벼슬에서 물러나 우울해 하다가 3년 후에 세상을 떠났다.

효혜제 원년(서기전 194) 12월, 효혜제가 새벽에 나가서 활을 쏘았다.① 조왕은 어려서 일찍 일어나지 못했다. 여태후는 조왕이 혼자 있다는 소식을 듣고 사람에게 짐주酖酒를 가지고 가서 마시게 했다.② 날이 밝을 무렵③ 효혜제가 돌아와 보니 조왕은 이미 죽어 있었다. 이에 회양왕 우友를 옮겨서 조왕으로 삼았다. 여름에 역후酈侯의 아버지 여택에게 조서를 내리고 시호를 추존해 영무후令武侯라고 했다.

孝惠元年十二月 帝晨出射① 趙王少 不能蚤起 太后聞其獨居 使人持酖飲之② 犁明③ 孝惠還 趙王已死 於是迺徙淮陽王友爲趙王 夏 詔賜酈侯父追謚爲令武侯

① 出射출사

신주 사냥을 나간다는 뜻이다.

② 酖飲之짐음지

집해 응소는 "짐새는 살모사蝮를 먹는데 그의 깃을 갈라 술 속에 넣어 마시면 곧 죽는다."고 했다.

【集解】 應劭曰 酖鳥食蝮 以其羽畫酒中 飲之立死

③ 犁明여명

[집해] 서광은 "여犁는 비比와 같다. 여명犁明이라고 말한 것은 장차 밝아오는 때이다."라고 했다.

【集解】 徐廣曰 犁猶比也 諸言犁明者 將明之時

여태후는 마침내 척부인의 손과 발을 잘라 버리고, 눈을 파고 귀를 태우고, 벙어리가 되는 약을 먹여 측간 안에 살게 하여 "사람돼지人彘"라고 명했다. 수일數日이 지나고 나서 효혜제를 불러 사람돼지를 구경하게 했다. 효혜제가 그것을 보고 문초하여 그가 척부인이라는 것을 알고는 이에 크게 통곡하고 이로 인해 병이 들어서 한 해 남짓 일어나지 못했다. 효혜제는 사람을 보내 여태후에게 청해 말했다.

"이것은 사람이 할 짓이 아닙니다. 신이 태후의 아들이기 때문에 마침내 천하를 다스릴 수 없게 되었습니다."

효혜제는 이날부터 술만 마시고 환락을 즐기며 정사를 돌보지 않았다. 그래서 병이 났던 것이다.

太后遂斷戚夫人手足 去眼 煇耳 飮瘖藥 使居廁中 命曰 人彘 居數日 迺召孝惠帝觀人彘 孝惠見 問 迺知其戚夫人 迺大哭 因病 歲餘不能 起 使人請太后曰 此非人所爲 臣爲太后子 終不能治天下 孝惠以此 日飮爲淫樂 不聽政 故有病也

2년(서기전 193), 초楚 원왕元王과 제齊 도혜왕悼惠王이 모두 조회에 들어왔다. 10월, 효혜제와 제나라 도혜왕이 여태후 앞에서 연회를 열어 술을 마시는데 효혜제가 제왕을 형으로 여겨서 윗자리에 앉게 하고 사가私家의 예로 대접했다.[①] 여태후가 노해서 짐주 두 잔을 따라서 앞에 놓고 제왕에게 일어나 축수를 하게 했다. 제왕이 일어나자 효혜제도 일어나 잔을 잡고 함께 축수를 하려했다. 이에 태후가 두려워서 스스로 일어나서 효혜제의 잔을 엎어버렸다.[②] 제왕이 괴이하게 여겨서 감히 마시지 못하고 취한 척하면서[③] 그 자리를 떠났다. 나중에 물어보고서 그것이 짐주酖酒(독주)인 것을 안 제왕은 두려워하면서 스스로 장안을 벗어나지 못할 것이라 여기며 걱정했다.

二年 楚元王 齊悼惠王皆來朝 十月 孝惠與齊王燕飲太后前 孝惠以爲齊王兄 置上坐 如家人之禮[①] 太后怒 迺令酌兩卮酖 置前 令齊王起爲壽 齊王起 孝惠亦起 取卮欲俱爲壽 太后迺恐 自起泛[②]孝惠卮 齊王怪之 因不敢飲 詳醉[③]去 問 知其酖 齊王恐 自以爲不得脫長安 憂

① 家人之禮가인지례

신주 효혜제와 어머니는 다르나 도혜왕 유비劉肥가 장남이다. 그래서 군신의 예를 따르지 않고 평민 가정에서 행하는 연륜年輪과 존비尊

卑의 예를 따른 것이다. 안사고는 "형제의 연령으로 예하고 군신의 예를 따르지 않은 까닭에 가인家人이라고 한 것이라."고 했다.

② 泛핌

색은 발음은 '봉捧'으로써 엎다泛는 뜻이다.

【索隱】 音捧泛也

③ 詳醉상취

신주 거짓으로 취한 척하다. '상詳'은 '거짓 양佯'과 통한다.

제나라 내사內史인 사士가[1] 왕을 설득하여 말했다.

"태후께서는 오직 효혜제와 노원공주魯元公主가[2] 있을 뿐입니다. 지금 왕께서는 70여 개의 성을 가지고 계시는데 공주는 몇 개의 성만 식읍으로 갖고 있습니다. 왕께서 진실로 한 개의 군 이상을 태후께 올려서 공주의 탕목읍湯沐邑으로[3] 삼게 한다면 태후께서 반드시 기뻐하실 것이고 왕께서도 분명 걱정이 없게 될 것입니다."

齊內史士[1]說王曰 太后獨有孝惠與魯元公主[2] 今王有七十餘城 而公主乃食數城 王誠以一郡上太后 爲公主湯沐邑[3] 太后必喜 王必無憂

① 士사

집해 서광은 "다른 본에는 사士가 '출出'로 되어 있다."라고 했다.

【集解】 徐廣曰 一作出

② 魯元公主노원공주

집해 여순은 《공양전公羊傳》에 "천자天子가 딸을 제후에게 시집보낼 때 반드시 '동성同姓 제후를 시켜서 이를 주관하게 한다.'고 했다. 그래서 공주公主라고 이르는 것이다. 〈백관표百官表〉에는 열후列侯의 식읍食邑(벼슬아치가 전세를 대신 받는 지역)을 '국國'이라고 하고 황후皇后와 공주公主의 식읍을 읍邑이라고 하고 제후왕의 딸을 공주公主라고 한다."고 했다. 소림은 "공公은 5등급 중 높은 작위이다. 《춘추》에서 들으니 신자臣子가 군부君父로 칭하는 부인婦人을 주主라고 하는데, 《국어國語》의 '주맹담아主孟啗我'라는 선례가 있다. 그래서 공주라고 이른다."고 했다. 신찬은 "천자의 딸이 비록 탕목湯沐의 읍을 식읍으로 삼지만 그 백성들에게 임금 노릇을 못한다."라고 했다.

【集解】 如淳曰 公羊傳曰 天子嫁女於諸侯 必使諸侯同姓者主之 故謂之公主 百官表列侯所食曰國 皇后 公主所食曰邑 諸侯王女曰公主 蘇林曰 公 五等尊爵也 春秋聽臣子以稱君父 婦人稱主 有主孟啗我之比 故云公主 瓚曰 天子女雖食湯沐之邑 不君其民

색은 啗의 발음은 '담[徒濫反]'이다. 상고해보니 주主는 이극里克의 아내를 이르는데 곧 우시優施의 말로서 이 사실은 《국어國語》에서 보인다. 맹孟은 차且이다. 장차 나에게 음식을 먹여준다면 나는 당신의 아내에게 남편 섬기는 법을 가르쳐주겠다고 말한 것이다. 이는 곧 부인을 주主로 칭했다는 뜻일 뿐이다. 比는 발음이 '피[必二反]'이다.

【索隱】 啗音徒濫反 按 主是謂里克妻 即優施之語 事見國語 孟者 且也 言且啗我物 我教汝婦事夫之道 此即婦人稱主之意耳 比音必二反

신주 소림의 주석 중에서 '주맹담아主孟啗我'는 《국어國語》에 "우시優施가 이극의 처에게 이르기를 부인께서 나에게 먹여주신다면"(主孟啗我)이라고 나온다. 위소는 주석하기를 "대부의 부인을 주主라고 하는데, 남편을 따르는 것을 칭한다."고 말했다. 맹孟은 진晉나라 대부 이극의 아내를 뜻한다.

③ 湯沐邑탕목읍

신주 주周나라 시대, 천자가 제후에게 목욕하는 데 쓸 비용을 마련할 수 있도록 나라에서 채지採地를 내려준 것에서 유래한다. 천자나 제후가 사유의 영지로 삼는 것을 말하는 것이다. 이후에는 임금을 비롯한 일가들이 부세를 거두어 임의대로 쓸 수 있게 봉지封地한 땅을 뜻하게 되었다.

이에 제왕이 성양군成陽郡을^① 올려 바치고 공주를 높여 왕태후
王太后로^② 삼게 했다. 여후가 기뻐하며 허락했다. 이에 제왕의 관
저에서^③ 주연을 베풀고 즐겁게 마시다가 파하자 제왕을 봉국으
로 돌아가게 했다.

於是齊王乃上城陽之郡^① 尊公主爲王太后^② 呂后喜 許之 乃置酒齊
邸^③ 樂飮 罷 歸齊王

① 城陽之郡성양지군

신주　지금의 산동성 거현莒縣이다. 당시는 제나라 땅에 속했다.

② 王太后왕태후

집해　여순은 "장오張敖의 아들 언偃이 노왕魯王이 되었다. 그래서 공
주公主가 태후太后가 될 수 있었다."라고 했다.

【集解】　如淳曰 張敖子偃爲魯王 故公主得爲太后

③ 齊邸제저

정의　한漢나라의 법에는 제후가 각각 경사京師(수도)에 저제邸第를
세웠다.

3년(서기전 192), 장안성長安城을 쌓기 시작하여 4년 만에 반쯤
마쳤고 5~6년 만에 성이 완성되었다.[①] 제후들이 와서 모였다.
10월에 조정에 나가서 하례했다.

三年 方筑長安城 四年就半 五年六年城就[①] 諸侯來會

① 城就성취

색은 상고해보니《한궁궐소漢宮闕疏》에는 "4년에 동면東面을 쌓고 5
년에 북면北面을 쌓았다."고 했다.《한구의漢舊儀》에 "성城은 사방이 63
리이고 가로와 세로는 각각 12리였다."고 했다.《삼보구사三輔舊事》에는
"성의 형태가 북두北斗와 같았다."고 했다.

【索隱】 按 漢宮闕疏 四年築東面 五年築北面 漢舊儀 城方六十三里 經緯
各十二里 三輔舊事云 城形似北斗也

7년(서기전 188) 가을, 8월 무인戊寅일에 효혜제가 붕어했다.[1] 발상發喪 때 태후가 곡을 하는데 눈물이 흘러내리지 않았다. 유후留侯(장량)의 아들 장벽강張辟彊이[2] 시중侍中이[3] 되었다. 나이가 열다섯 살이었는데 승상에게[4] 물었다.

"태후께서는 효혜제 뿐인데 지금 붕어崩御했음에도 곡은 하지만 슬퍼하지 않으니 군君께서는[5] 그 뜻解을[6] 아십니까?"

十月朝賀 七年秋八月戊寅 孝惠帝崩[1] 發喪 太后哭 泣不下 留侯子 張辟彊[2]爲侍中[3] 年十五 謂丞相[4]曰 太后獨有孝惠 今崩 哭不悲 君[5] 知其解[6]乎

① 孝惠帝崩효혜제붕

집해 황보밀은 "황제는 진시황 37년에 출생했는데 붕어할 때 나이가 23세였다."라고 했다.

【集解】 皇甫謐曰 帝以秦始皇三十七年生 崩時年二十三

② 張辟彊장벽강

신주 벽강(서기전 202년~?)은 영천군穎川郡 성보현城父縣(지금의 하남성 허창시) 사람이다. 유후留侯 장량은 장남이 장불의張不疑이고 차남이 장벽강張辟彊이다. 차남인 그는 장량의 자식 중에서도 총명하고 재치가 있어 15

세에 시중侍中에 올랐다. 그러나 이후의 생애는 기록이 없어 불명하다.

③ 侍中시중

집해 응소는 "입궐해서 천자를 모시기 때문에[入侍天子] 시중侍中이라 한다."고 했다.

【集解】 應劭曰 入侍天子 故曰侍中

④ 丞相승상

신주 진평陳平을 일컫는다.

⑤ 君군

신주 남에 대한 존칭어로 '님'의 뜻이다. 여기서는 진평을 가리킨다.

⑥ 解해

정의 解는 '개[紀賣反]'로 발음한다. 곡을 하지만 나태하니 생각하는 바가 있는 것을 말한 것이다. 또 '해[戶賣反]'로도 발음한다. 해解는 마디를 푸는 것이다. 또 '개[紀買反]'라는 것은 해설解說을 이른다.

【正義】 解 紀賣反 言哭解惰 有所思也 又音戶賣反 解 節解也 又紀買反 謂解說也

승상이 말했다.

"무슨 뜻解인가?"

장벽강이 말했다.

"황제에게는 장성한 아들이 없어 태후께서 군君 등을 두려워하는 것입니다. 군君께서는 지금 여태呂台와 여산呂産과 여록呂祿을 장군으로 제수할 것을 청해서 군사를 거느리고 남·북군에 있게 하고 여러 여씨들이 모두 입궁해서 궁중에 거처하며 정사를 하게 하십시오. 이렇게 하면 태후께서는 안심하실 것이며 군君 등은 요행히 재앙에서 벗어날 수 있습니다."

丞相曰 何解 辟彊曰 帝毋壯子 太后畏君等 君今請拜呂台 呂產 呂祿①爲將 將兵居南北軍 及諸呂皆入宮 居中用事 如此則太后心安 君等幸得脫禍矣

① 呂祿여록

신주　여록(?~서기전 180년)은 여후의 둘째 오빠인 여석지呂釋之의 아들로 산양군山陽郡 단보현單父縣(지금의 산동성 단현) 사람이다. 한 혜제 7년에 혜제가 서거하자 여태呂台, 여산呂産 형제와 함께 장군으로 임명되었다. 호릉후胡陵侯, 조왕趙王을 거쳐 고후 8년(서기전 180년) 7월 여후의 병이 중하자 상장군이 되었는데, 여후가 죽자 8월 여산은 여록이 병권兵權을 잡았다고 여기고 난을 일으켰다. 그러나 실패하여 주발 등에 의해 죽었고, 이 일로 여록도 참살 당했다.

승상이 이에 장벽강의 계책대로 했다. 태후가 기뻐하며 곡을 하는데 비로소 애통해 했다. 여씨들의 권세가 이 때문에 일어났다. 천하에 대사면령을^① 내렸다. 9월 신축辛丑일에 장사를 치렀다.^② 태자가 즉위해 황제가 되어^③ 고묘高廟에 알현했다. 원년元年,^④ 모든 호령이 한결같이 태후에게서 나오게 되었다.

丞相迺如辟彊計 太后說 其哭迺哀 呂氏權由此起 迺大赦^①天下 九月辛丑 葬^② 太子卽位爲帝^③ 謁高廟 元年^④ 號令一出太后

---

① 大赦대사

신주 나라에 경사가 있거나 재해 등 흉사가 있을 때에 이를 축하하기 위해, 또는 민심을 달래는 차원에서 죄수들을 석방하거나 감형해 주는 사면령을 말한다.

② 九月辛丑葬구월신축장

집해 《한서》에는 "안릉安陵에 장사를 지냈다."고 했다. 《황람黃覽》에는 "산의 높이는 32장丈이고 동서와 남북은 120보步이고 거주하는 땅은 60무畝이다."라고 했다. 황보밀은 "장릉長陵과의 거리는 10리이고 장안 북쪽 35리에 있다."고 했다.

【集解】 漢書云 葬安陵 皇覽曰 山高三十二丈 廣袤百二十步 居地六十畝
皇甫謐曰 去長陵十里 在長安北三十五里

③ 太子卽位爲帝태자즉위위제

신주 　효혜제의 누나 노원 공주의 딸인 효혜황후 장언張嫣은 후사가
없다. 청나라 양옥승은 "《사기》와 《한서》에 그 이름을 말하지 않았다.
대개 효혜제 후궁의 자식일 것이다."라고 했다. 사마천은 〈여태후본기〉
에서 황후는 거짓으로 임신한 것처럼 꾸며서 미인이 낳은 아들을 데려
다가 황후의 아들로 삼고 미인을 죽인 후 태자로 삼았다고 기록했다.

④ 元年원년

신주 　《신역사기》에는 "효혜제 아들의 원년이며, 또한 곧 여후呂后의
원년이라."고 했다. 여태후 즉위 원년(서기전 187년)을 뜻한다.

태후太后가 칭제稱制하고[1] 대신들과 의논해서 여러 여씨들을 왕으로 세우려고 하면서 우승상 왕릉王陵에게[2] 물었다. 왕릉이 대답했다.

"고제께서 흰 말을 죽여 그 피로 대신들과 맹세할 때,[3] '유씨가 아닌 자가 왕이 되면 천하가 함께 공격해야 한다.'고 말씀하셨습니다. 지금 여씨가 왕이 되는 것은 맹약과 다릅니다."

太后稱制[1] 議欲立諸呂爲王 問右丞相王陵[2] 王陵曰 高帝刑白馬盟[3] 曰 非劉氏而王 天下共擊之 今王呂氏 非約也

① 稱制칭제

신주 임조칭제臨朝稱帝라고도 한다. 중국과 조선, 일본, 베트남 같은 나라 등에서 황후나 황태후 같은 여성들이 황제(임금)를 대신해서 정사를 하는 것을 뜻한다. 태자가 대신하면 감국監國, 다른 남성이 대신하면 섭정攝政이라고 하는데, 역사상 칭제의 시초는 여태후이다.

② 王陵왕릉

신주 왕릉(?~서기전 180년)은 패현沛縣(지금의 강소성 패현 서쪽) 사람으로 호족출신이다. 한고조가 병사를 일으켜 함양을 공격하여 함락할 때, 왕릉은 수천 명의 군사를 모아 남양을 점거하고 있었다. 왕릉은 유방을 따르지 않으려 했으나 그의 어머니가 유방에게 귀순하게 하려고 항우의 영중營中에서 자살함으로써 유방에게 귀순하여 안국후安國侯에 봉해졌다. 후에 우승상이 되어 여후가 칭제稱制하려는 것을 반대함으로써 승상의 실권을 빼앗기고 사직한 후 두문불다 여후 8년 세상을 떠났다.

③ 高帝刑白馬盟고제형백마맹

신주 안사고는《한서》〈고혜고후문신공표제4高惠高后文功臣表第四〉에서 "백마의 맹세 흰 말을 죽여서 그 피를 함께 나눠 마시며 맹서하는 것을 이른다."고 했다.

태후가 기뻐하지 않았다. 좌승상 진평陳平과 강후絳侯 주발周勃에게 물었다. 주발 등이 대답했다.

"고제께서 천하를 평정하시고 자제들을 왕으로 삼으셨는데, 지금 태후께서 칭제稱帝하시니 곤제昆弟(형과 아우)인 여러 여씨들을 왕으로 삼는 것은 불가할 것이 없습니다."

太后不說 問左丞相陳平 絳侯周勃 勃等對曰 高帝定天下 王子弟 今太后稱制 王昆弟諸呂 無所不可

태후가 기뻐하고 조회를 파했다. 왕릉이 진평과 강후를 꾸짖으며 말했다.

"처음 고제와 함께 피를 마시며① 맹세할 때 그대들도 있지 않았습니까? 지금 고제가 붕어하고 태후가 여주女主가 되어 여씨를 왕으로 삼으려고 하는데 그대들은 여후의 뜻을 좇아 영합하고자② 맹약을 배신했으니 무슨 면목으로 고조를 지하에서 뵈올 수 있겠습니까?"

진평과 강후가 말했다.

"지금 면전에서 질책하고 조정에서 간쟁하는 것은 신이 그대만 못합니다. 그러나 무릇 사직을 온전히 하고 유씨의 후손을 안정시키는 것은 그대가 또한 신만 같지 못할 것입니다."

왕릉이 응답하지 않았다.

太后喜 罷朝 王陵讓陳平 絳侯曰 始與高帝啑①血盟 諸君不在邪 今高帝崩 太后女主 欲王呂氏 諸君從欲阿意②背約 何面目見高帝地下 陳平 絳侯曰 於今面折廷爭 臣不如君 夫全社稷 定劉氏之後 君亦不如臣 王陵無以應之

① 啑삽

색은 啑은 추탄생이 '섭[使接反]'으로 발음한다고 했다. 또 어떤 곳에는 삽唼으로 되어 있다고 했다. '접[丁牒反]'으로도 발음한다.

② 阿意아의

군주의 뜻에 영합한다는 뜻이다.

11월, 태후가 왕릉을 쫓아내려고 제태부帝太傅로① 제수해서 승상의 권한을 빼앗았다. 왕릉이 병을 핑계대고 사직하고 고향으로 돌아갔다. 이에 좌승상 진평을 우승상으로 삼고, 벽양후辟陽侯② 심이기審食其를 좌승상으로 삼았다. 그러나 좌승상은 정사를 다스리지 못하고 궁중의 일만을 감독하니 마치 낭중령郎中令과 같았다.③ 심이기는 이렇게 여태후의 총애를 얻어 항상 궁중 일을 담당하다 보니 공경들은 모두 심이기를 통해서 일을 결재받게 되었다. 비로소 역후酈侯의 아버지를④ 추존해서 도무왕悼武王으로 삼고 여러 여씨에게 왕으로 점차 삼으려 했다.

十一月 太后欲廢王陵 乃拜爲帝太傅① 奪之相權 王陵遂病免歸 迺以左丞相平爲右丞相 以辟陽侯②審食其爲左丞相 左丞相不治事 令監宮中 如郎中令③ 食其故得幸太后 常用事 公卿皆因而決事 乃追尊酈侯父④爲悼武王 欲以王諸呂爲漸

① 太傅태부

집해 응소는 "옛날의 관직이다. 부傅는 복覆이다."라고 했다. 신찬은 《대대례大戴禮》에는 '덕의德義로 보좌하는 것傅之德義'이다."라고 했다.

【集解】 應劭曰 古官 傅者 覆也 瓚曰 大戴禮云 傅之德義

② 辟陽侯벽양후

색은 상고해보니 위소는 "신도信都의 현 이름이다."라고 했다.

【索隱】 按 韋昭云 信都之縣名

③ 以辟陽侯審食其為左丞相~如郎中令이벽양후심식기위좌승상~여랑중령

신주 심이기審食其는 태공太公, 여후呂后와 함께 항우項羽에게 포로가 되었으므로 후일 여후와 친하게 지냈다. 그는 자기의 직분에 전념하지 않고 궁중 내의 업무에 더 신경 썼기 때문에 궁정의 호위를 관장하는 낭중령郎中令과 같다고 한 것이다. 여후의 신임을 받으려는 행위를 비웃는 말이다.

④ 酈侯父역후부

신주 여후呂后의 큰오빠인 주여후周呂侯 여택呂澤을 가리킨다.

여씨呂氏들을 왕으로 삼다

4월, 여태후는 여러 여씨를 후侯로 삼고자 먼저 고조의 공신인 낭중령 풍무택馮無擇을① 봉하여 박성후博城侯로② 삼았다. 노원공주가 죽자 시호를 내려 노원태후魯元太后로 하고 아들 언偃을 노왕魯王으로 삼았다. 노왕魯王의 아버지는 선평후宣平侯 장오張敖이다.③ 제나라 도혜왕悼惠王의 아들 유장劉章을 봉하여 주허후朱虛侯로④ 삼고 여록呂祿의 딸을 아내로 맞이하게 했다. 제나라 승상 제수齊壽를 평정후平定侯로⑤ 삼았다. 소부少府의 양성연陽城延을 오후梧侯로 삼았다.⑥ 여종呂種을 봉하여 패후沛侯로 삼고⑦ 여평呂平을 부유후扶柳侯로 삼고⑧ 장매張買를 남궁후南宮侯로 삼았다.⑨

四月 太后欲侯諸呂 迺先封高祖之功臣郎中令無擇①爲博城侯② 魯元公主薨 賜諡爲魯元太后 子偃爲魯王 魯王父 宣平侯張敖也③ 封齊悼惠王子章爲朱虛侯④ 以呂祿女妻之 齊丞相壽爲平定侯⑤ 少府延爲梧侯⑥ 乃封呂種爲沛侯⑦ 呂平爲扶柳侯⑧ 張買爲南宮侯⑨

① 無擇무택

　집해　서광은 "성姓이 풍馮이다."라고 했다.

【集解】 徐廣曰 姓馮

② 博城侯박성후

　정의　《괄지지》에는 "연주兗州 박성博城은 본래 한漢나라 박성현博城縣의 성城이다."라고 했다.

【正義】 括地志云 兗州博城 本漢博城縣城

③ 魯王父宣平侯張敖也노왕부선평후장오야

　신주　장오는 유방의 큰 딸인 노원공주와 결혼하여 아들 언偃과 딸 언嫣을 낳았다. 노원공주는 아들 장언이 노왕에 봉해짐으로서 태후가 되었고, 장오는 노왕부魯王父가 되었다. 언嫣은 효혜제의 황후이다.

④ 朱虛侯주허후

　색은　허虛의 발음은 '허墟'이고 낭야현琅邪縣이다.

【索隱】 虛音墟 琅邪縣也

　정의　《괄지지》에는 "주허朱虛의 고성은 청주靑州 임구현臨句縣 동쪽

60리에 있는데 한漢나라 주허朱虛이다."라고 했다. 《십삼주지十三州志》
에는 "단주丹朱가 놀던 옛 터이므로 주허朱虛라고 일렀다."고 했다. 허虛
는 '구丘'와 같다. 주朱는 '단丹'과 같다.

【正義】 括地志云 朱虛故城在青州臨朐縣東六十里 漢朱虛也 十三州志云
丹朱遊故虛 故云朱虛也 虛猶丘也 朱猶丹也

⑤ 平定侯평정후

[집해] 서광은 "성姓은 제齊이다."라고 했다.

【集解】 徐廣曰 姓齊

[신주] 《한서》〈고혜고후문신공표제4高惠高后文功臣表第四〉에 '수壽'를
'수受'로, '평정후平定侯'를 '평정경후平定敬侯'로 기록했다.

⑥ 少府延爲梧侯소부연위오후

[집해] 서광은 "성은 양성陽成이다. 연延이 군사들과 장인들을 일으켜
서 궁宮을 짓고 성을 쌓았다."라고 했다.

【集解】 徐廣曰 姓陽成也 延以軍匠起 作宮築城也

[신주] 《한서》〈고혜고후문신공표제4高惠高后文功臣表第四〉에 '오후梧
侯'를 '오제후梧齊侯'로 로 기록했다.

⑦ 呂種爲沛侯여종위패후

집해　서광은 "여석지呂釋之의 아들이다."라고 했다.
【集解】　徐廣曰 釋之之子也

정의　《괄지지》에는 '서주徐州 패현沛縣 고성古城이다.'라고 했다.
【正義】　括地志云 徐州沛縣古城也

⑧ 呂平爲扶柳侯여평위부류후

집해　서광은 "여후呂后의 언니 아들이다. 어머니의 자는 장구長姁이
다."라고 했다.
【集解】　徐廣曰 呂后姊子也 母字長姁

정의　《괄지지》에 "부류扶柳 고성은 기주冀州 신도현信都縣 서쪽 30
리에 있는데 한漢나라 부류현扶柳縣이다. 연못澤이 있는데 연못澤 안에
는 버드나무가 많다. 그래서 부류扶柳라고 한다."라고 했다.
【正義】　括地志云 扶柳故城在冀州信都縣西三十里 漢扶柳縣也 有澤 澤中
多柳 故曰扶柳

⑨ 張買爲南宮侯장매위남궁후

집해　서광은 "그의 아버지는 월越나라 사람인데 고조高祖의 기장騎

將이 되었다."고 했다.

【集解】　徐廣曰 其父越人 爲高祖騎將

여태후가 여씨呂氏들을 왕으로 삼고자 먼저 효혜제의 후궁의 아들 유강劉彊을 회양왕淮陽王으로 삼고,[1] 유불의劉不疑을 상산왕常山王으로 삼고,[2] 유산劉山을 양성후襄城侯로 삼고,[3] 유조劉朝를 지후軹侯로 삼고,[4] 유무劉武를[5] 호관후壺關侯로 삼았다. 여태후가 대신들에게 낌새를 차리게 해서[6] 대신들이 역후酈侯 여태呂台를 여왕呂王으로 세우기를[7] 청하자 태후가 허락했다. 건성강후建成康侯 여석지呂釋之가 죽자 계승할 아들이 죄가 있다고 폐하고 그의 아우인 여록呂祿을[8] 세워 호릉후胡陵侯로[9] 삼아 건성강후建成康侯의 뒤를 잇게 했다.

太后欲王呂氏 先立孝惠後宮子彊爲淮陽王[1] 子不疑爲常山王[2] 子山爲襄城侯[3] 子朝爲軹侯[4] 子武[5]爲壺關侯 太后風大臣[6] 大臣請立酈侯呂台爲呂王[7] 太后許之 建成康侯釋之卒 嗣子有罪 廢 立其弟呂祿[8]爲胡陵侯[9] 續康侯後

---

① 彊爲淮陽王강위회양왕

집해　위소는 "지금의 진류군陳留郡이다."라고 했다.

【集解】　韋昭曰 今陳留郡

② 不疑爲常山王불의위상산왕

정의 《괄지지》에는 "상산常山의 고성은 항주恒州 진정현眞定縣 남쪽 8리에 있는데 본래 한漢나라 동원읍東垣邑이다."라고 했다.
【正義】 括地志云 常山故城在恆州眞定縣南八里 本漢東垣邑也

③ 山爲襄城侯산위양성후

색은 상고해보니 아래 문장에下文에 이름을 고쳐서 의義라고 하고 또 이름을 고쳐서 홍농弘農이라고 했다. 《한서》의 양성후襄城侯는 오직 이름을 홍弘이라고 했으니 대개 역사서史에서 글자를 빠뜨린 것이다. 〈지리지地理志〉를 상고해보니 "양성은 영천潁川에 속한다."고 했다.
【索隱】 按 下文更名義 又改名弘農 漢書襄城侯唯云 名弘 蓋史省文耳 按 志 襄城屬潁川也

④ 朝爲軹侯조위지후

색은 상고해보니 위소韋昭는 "하내河內에 지현軹縣이 있는데 '지紙' 로 발음한다."고 했다.
【索隱】 按 韋昭云河內有軹縣 音紙也

정의 《괄지지》에는 "옛날 지성軹城은 회주懷州 제원현濟源縣 동남쪽 13리에 있는데 칠국七國(전국시대) 때의 위읍魏邑이다."라고 했다.

【正義】 括地志云 故軹城在懷州濟源縣東南十三里 七國時魏邑

⑤ 劉彊劉不疑劉山劉朝劉武유강유불의유산유조유무

신주 왕후인 노원태후의 딸 장언張嫣이 후사가 없어 후궁의 소생이 대를 이었다. 3대 황제 유공劉恭(전소제前少帝)은 여태후에게 죽임을 당했고, 4대 황제로 양성후였던 유산이 유의劉義로 이름을 바꾸고 다시 유홍劉弘(후소제後少帝)으로 개명하여 황제에 올랐으나 주발周勃 등에게 피살당했다. 그 외 유강[회양왕]은 전한 조나라 공왕 유회의 셋째 아들로 백부 효혜제[유영]의 양자가 되었으나 요절하여 애왕으로 추앙했다. 유불의劉不疑, 유조劉朝, 유무劉武 모두 효혜제 후궁의 자식이지만 생모가 누구인지 자세하지 않다.

⑥ 太后風大臣태후풍대신

신주 '풍風'은 바람결에 알게 한다는 뜻이다. 즉 선행先行의 일로 대신들에게 넌지시 후사後事를 미루어 짐작하게 하여 시행하게 하는 무언無言의 압력을 나타낸 것이다.

⑦ 呂台爲呂王여태위여왕

정의 처음에 여태呂台를 여왕呂王으로 삼았으나 뒤에 여산呂產을 양梁 땅의 왕으로 삼으면서 양梁의 이름을 여呂로 바꾸었다.

【正義】 初呂台爲呂王 後呂產王梁 更名梁曰呂

⑧ 呂祿여록

집해　서광은 "여석지呂釋之의 막내아들이다."라고 했다.

【集解】 徐廣曰 釋之少子

⑨ 胡陵侯호릉후

정의　호릉胡陵은 현 이름으로서 산양山陽에 속하는데 장제章帝(후한
後漢)의 황제(서기 75~서기 88년 재위)가 호륙胡陸이라고 고쳤다.

【正義】 胡陵 縣名 屬山陽 章帝改曰胡陸

2년, 상산왕常山王 유불의가 죽어서 그의 아우인 양성후襄城侯 유산劉山을 상산왕으로 삼고 이름을 의義로 바꾸었다. 11월, 여왕呂王 여태가 죽자 시호를 숙왕肅王으로 삼고 태자 여가呂嘉를 대신 세웠다. 3년, 일이 없었다.① 4년, 여수呂嬃②를 봉해 임광후臨光侯로 삼고, 여타呂他를③ 유후兪侯로 삼고,④ 여갱시呂更始를 췌기후贅其侯로 삼고,⑤ 여분呂忿을 여성후呂城侯로 삼고,⑥ 제후의 승상 5명도 후侯로 삼았다.⑦

二年 常山王薨 以其弟襄城侯山爲常山王 更名義 十一月 呂王台薨 諡爲肅王 太子嘉代立爲王 三年 無事① 四年 封呂嬃②爲臨光侯 呂他③爲兪侯④ 呂更始爲贅其侯⑤ 呂忿爲呂城侯⑥, 及諸侯丞相五人⑦

① 三年無事삼년무사

▢집해▢ 《한서》에는 "가을에 별이 낮에 나타났다."라고 했다.
【集解】 漢書云 秋 星晝見

② 呂嬃여수

▢신주▢ 여수(?~서기전 180년)는 한고조 황후 여후의 여동생으로 무양후舞陽侯 번쾌樊噲의 아내이다.

③ 呂他여타

신주 유방이 한나라를 건국하는데 도운 공신 여영呂嬰의 아들이다.

④ 呂他爲兪侯여타위유후

색은 타他는 '타陁'로 발음하고 유兪는 '수輸'로 발음한다.
【索隱】 他音陁 兪音輸

정의 《괄지지》에 "옛 수성鄃城은 덕주德州 평원현平原縣 서남쪽 30
리에 있는데 본래 한나라의 수현鄃縣으로서 여타읍呂他邑이라."고 했다.
【正義】 括地志云 故鄃城在德州平原縣西南三十里 本漢鄃縣 呂他邑也

⑤ 呂更始爲贅其侯여경시위췌기후

집해 서광은 "〈표表〉에는 여후呂后 형제 아들인 회양淮陽의 승상 여
승呂勝이 췌기후贅其侯가 되었다."고 했다.
【集解】 徐廣曰 表云 呂后昆弟子淮陽丞相呂勝爲贅其侯

색은 상고해보니 〈표表〉에는 '임회臨淮'로 되어 있다.
【索隱】 按表作 臨淮也

⑥ 呂忿爲呂城侯여분위여성후

《괄지지》에는 "옛 여성呂城은 등주鄧州 남양현南陽縣 서쪽 10리에 있는데 여상呂尙의 선조를 봉한 곳이다."라고 했다.

【正義】 括地志云 故呂城在鄧州南陽縣西三十里 呂尙先祖封

여분呂忿은 〈혜경간후자년표惠景間侯者年表〉에 "여후呂后 형제의 아들이라."고 했다.

⑦ 諸侯丞相五人제후승상오인

서광은 "중읍후中邑侯 주통朱通, 산도후山都侯 염개恬開, 송자후宋茲侯 서려徐厲, 등후滕侯 여갱시呂更始, 예릉후醴陵侯 월越이다."라고 말했다.

【集解】 徐廣曰 中邑侯朱通 山都侯王恬開 松茲侯徐厲 滕侯呂更始 醴陵侯越

선평후宣平侯의 딸이 효혜황후孝惠皇后가 되었을 때 자식이 없어 거짓으로[1] 임신한 척하고 미인의 아들을 빼앗아 자신의 아들이라고[2] 소문을 내면서 그의 어머니를 죽이고 소문낸 아들을 세워 태자太子로 삼았다. 효혜제가 붕어하니 태자를 세워 황제로 삼았다.[3] 황제가 장성해서 혹자에게 자신의 어머니는 죽었고 자신은 황후의 진짜 아들이 아니라는 소문을 듣고 말했다.

"황후께서는 어찌 나의 어머니를 죽이고 나를 아들이라고 지칭했는가? 나는 아직 장성하지 못했지만 장성하면 곧 변고가 될 것이다."

宣平侯女爲孝惠皇后時 無子 詳[1]爲有身 取美人子名之[2] 殺其母 立所名子爲太子 孝惠崩 太子立爲帝[3] 帝壯 或聞其母死 非眞皇后子 乃出言曰 后安能殺吾母而名我 我未壯 壯卽爲變

① 詳상

신주 상詳은 '상佯(거짓)'이란 뜻이다.

② 美人子名之미인자명지

정의 유백장劉伯莊은 "여러 미인을 여씨呂氏가 높이 총애해서 임신을 하면 궁으로 들어가 아들을 낳게 했다."고 했다.

【正義】 劉伯莊云 諸美人元幸呂氏 懷身而入宮生子

③ 太子立爲帝태자입위제

신주　전소제前少帝(?~서기전 184년)를 말한다. 이름은 상세하지 않다.
전목錢穆(1895~1990)의 《국사대강國史大綱》에는 '유공劉恭'이라고 했다.
전한前漢의 3대 황제로 서기전 188~서기전 184년까지 재위했다.

태후가 이를 듣고 걱정하면서 그가 난을 일으킬까 두려워 곧 영항永巷[1] 안에 유폐시키고는 황제가 병이 심각하다고 언질을 주어 좌우에서 만나볼 수 없게 했다. 태후가 말했다.

"대저 천하를 가진 자는 만민萬民을 위한 명령으로[2] 다스리는 자여서 하늘 같이 덮어주고 땅처럼 포용해야 합니다. 위에서 즐거운 마음으로 백성을 편안하게 하면 백성들은 흔연히 위를 섬기기 때문에 기쁘고 흔연한 것이 서로 교통해서 천하가 다스려지는 것입니다. 지금 황제는 병이 오래되었는데도 낫지 않아 미혹되고 혼란하니 종묘의 제사를 받들어 계승할 수가 없어서 천하를 맡길 수가 없습니다. 그를 교체해야 합니다."

太后聞而患之 恐其爲亂 迺幽之永巷[1]中 言帝病甚 左右莫得見 太后曰 凡有天下治爲萬民命[2]者 蓋之如天 容之如地 上有歡心以安百姓 百姓欣然以事其上 歡欣交通而天下治 今皇帝病久不已 乃失惑惛亂 不能繼嗣奉宗廟祭祀 不可屬天下 其代之

① 永巷영항

신주 영항은 죄지은 궁녀를 가두던 궁중 감옥을 뜻하기도 하고, 궁전 뒤쪽의 전각을 뜻하기도 한다.

② 命명

정의 서광徐廣은 "명命 자가 없어야 한다."고 했다.

【集解】 徐廣曰 一無此字

모든 신하들이 모두 머리를 조아리며 말했다.

"황태후께서 천하를 위해서 백성들을 다스리실 계획을 세워 종묘사직을 편안하게 하시려는 뜻이 매우 깊으시니 여러 신하들은 머리를 조아리고 조서를 받들겠습니다."

황제는 폐위되었고 태후가 몰래 살해했다. 5월, 병진丙辰일에 상산왕 유의劉義를 세워 황제로 삼고 이름을 유홍劉弘으로 고쳤다. 이를 원년元年이라고 칭하지 않은 것은 여태후가 칭제해서 천하의 일을 재단하고 있었기 때문이다. 지후軹侯 유조劉朝를 상산왕으로 삼았다.

羣臣皆頓首言 皇太后爲天下齊民計所以安宗廟社稷甚深 羣臣頓首奉詔 帝廢位 太后幽殺之 五月丙辰 立常山王義爲帝 更名曰弘 不稱元年者 以太后制天下事也 以軹侯朝爲常山王

태위太尉의① 관직을 설치하고 강후絳侯 주발周勃을 태위로 삼았다. 5년 8월, 회양왕淮陽王이 죽어서 아우인 호관후壺關侯 유무劉武를 회양왕으로 삼았다. 6년 10월, 태후가 말하기를 "여왕呂王 여가呂嘉는② 거처함에 교만방자하다."고 하며 여왕을 폐하고 숙왕肅王 여태呂台의 아우 여산呂産을 여왕으로 삼았다. 여름에 천하에 사면령을 내렸다. 제나라 도혜왕의 아들 유흥거劉興居를③ 동모후東牟侯로 봉했다.④

置太尉①官 絳侯勃爲太尉 五年八月 淮陽王薨 以弟壺關侯武爲淮陽王 六年十月 太后曰呂王嘉②居處驕恣 廢之 以肅王臺弟呂産爲呂王 夏 赦天下 封齊悼惠王子興居③爲東牟侯④

① 太尉태위

신주 진조秦朝 전한前漢시대 중앙의 군사를 관장하는 최고의 관리이다. 정승政丞, 어사대부御史大夫와 함께 삼공三公이라 칭했다.

② 呂嘉여가

신주 한나라의 제2대 여왕呂王으로 조부 여택은 여후의 큰오빠이다. 서기전 187년 그 아버지 여태가 여후呂后에 의해 여왕呂王에 봉해졌으나 그 해에 세상을 떠남으로써 여가가 대를 이었다. 하지만 여가의 행동이 신중치 못함으로 폐위되어 그의 삼촌 여산이 후임으로 여왕呂王에 봉해졌다.

③ 劉興居유흥거

신주　유흥거(?~서기전 177년)는 한고조 유방의 장자 제도혜왕齊悼惠王 유비劉肥의 셋째아들이다. 서기전 177년 흉노가 남침한 것을 계기로 군사를 일으켰다가 실패하고 자결했다.

④ 興居爲東牟侯흥거위동모후

색은　위소는 "동래현東萊縣이다."라고 했다.
【索隱】 韋昭云 東萊縣

조왕趙王을 굶겨 죽이다

7년 정월, 여태후가 조왕趙王 유우劉友를[1] 불렀다. 유우劉友가 여씨 일족의 딸을 후后로 삼았는데 사랑하지 않고 다른 여인姬을 사랑하자 여씨呂氏의 딸이 강샘해서[2] 화를 내고 떠나 태후에게 참소하고, 또 거짓으로 죄과罪過를 모함했다.

"여씨가 어떻게 왕이 될 수 있는가?[3] 태후의 백세 뒤에[4] 나는 반드시 공격할 것이다."

여태후가 노여워하고 이로써 조왕趙王을 불렀다.

七年正月 太后召趙王友[1] 友以諸呂女爲受后 弗愛 愛他姬 諸呂女妒[2] 怒去 讒之於太后 誣以罪過 曰 呂氏安得王[3] 太后百歲後[4] 吾必擊之 太后怒 以故召趙王

① 劉友유우

신주 유우(서기전 3세기~서기전 181년)는 한고조의 여섯 째 아들로 조왕에 봉해졌다. 그는 여후의 조카딸과 결혼했으나 애첩을 사랑해 여후가 장안으로 불러 연금시키고 양식도 끊어 버렸다. 자살하려다 실패하자 굶어 죽어 평민의 예로 장례를 치렀다.

② 妬妒투

신주 강샘하다. 즉 결혼한 상대, 또는 자신이 좋아하는 자가 다른 이성을 좋아할 때 시기猜忌하는 것을 말한다.

③ 呂氏安得王여씨안득왕

신주 한고조의 '백마지맹白馬之盟'을 말한 것이다. 유방이 사망하기 1개월 전 조정 중신들과 부인 여후를 불러 백마를 한필 죽여 하늘에 맹세하고 그 피를 나눠 마시면서 유씨劉氏가 아니면 왕이 될 수 없다고 선언하였다.

④ 太后百歲後吾必擊之태후백세후오필격지

신주 여태후가 죽은 후에 모반할 것이라는 의미이다. 백세후百歲後는 사람이 죽은 후를 높일 때 쓰인다.

조왕趙王이 이르자 관저에 두고① 만나주지 않았으며 위사衛士에게 지키게 하고 먹을 것을 주지 않았다. 그의 여러 신하들이 혹 몰래 먹을 것을 보내면 번번이 잡아서 논죄했다. 조왕趙王이 굶주리면서 노래를 불렀다.

여러 여씨諸呂氏 정사에 등용되니
유씨들이 위태로운데⋯⋯
왕후王侯를 협박해
억지로 비妃를 나에게 보냈더라.
나의 비妃 강샘하여
나를 사납게 모함하는 도다.
참소하는 여인 나라를 어지럽혀도
위에선 아직 깨닫지 못하고 있네.
나에게 충신이 없지만
무슨 이유로 나라를 버려야 하는지?
드넓은 들판에서 자결自決하여
푸른 하늘에 정직함을 알리리라.②
아! 후회가 막급하도다.
차라리 일찍 자결할 것을⋯⋯.
왕이 되어 굶어 죽는다 해도
누가 가련하다 여기리까?
여씨呂氏들이 천리天理를 끊었으니
하늘에 의탁해 원수를 갚으리라.③

趙王至 置邸①不見 令衛圍守之 弗與食 其羣臣或竊饋 輒捕論之 趙王餓 乃歌曰

諸呂用事兮劉氏危

迫脅王侯兮彊授我妃

我妃既妒兮誣我以惡

讒女亂國兮上曾不寤

我無忠臣兮何故弃國

自決中野兮蒼天舉②直

于嗟不可悔兮寧蚤自財

爲王而餓死兮誰者憐之

呂氏絕理兮託天報仇③

① 置邸치저

신주 유폐하여 가택연금家宅軟禁을 했다는 뜻이다.

② 舉거

집해 서광은 "거舉는 다른 본에는 '여與' 자로 되어 있다."고 했다.
【集解】 徐廣曰 舉 一作與

③ 諸呂用事兮~託天報仇제여용사혜~탁천보구

신주 노래로 자신의 억울함을 호소한 것이다. 이 노래가 곧 '작가명원作歌鳴冤'이다.

정축丁丑일에 조나라 왕이 유폐되어 죽자 백성의 예로 장사하고[①] 장안長安의 백성들 묘지 곁에 안장했다.[②]

丁丑 趙王幽死 以民禮葬之[①]長安民冢次[②]

---

① 以民禮葬之이민례장지

신주 《예기》〈왕제王制〉 편에 "제후의 장례는 사후 5일 만에 빈殯(염하여 관에 안치하는 것)한 후 다시 5개월 만에 장례를 치르고, 대부大夫, 사士, 서인庶人은 사후 3일 만에 빈하여 3개월 만에 장례를 치르는데, 3년 상을 지키는 것은 천자로부터 서인에 이르기까지 통용된다."고 규정하고 있다. 유우劉友는 조왕趙王이었기 때문에 제후의 예로 장례를 치러야 하나 죄인으로 취급하여 장례를 간단하게 치렀다는 말이다.

② 民冢次민총차

신주 《신역사기》에 "평민백성의 분묘 곁"에 묻었다고 했고, '차次'는

'측側' 또는 '방旁'이라 했다.

기축己丑일에 일식이① 있어서 낮인데도 어두웠다. 태후가 이를
싫어하고 마음속으로 즐겁지 않아서 좌우에게 말했다.

"이것은 나 때문이로다."

己丑 日食① 晝晦 太后惡之 心不樂 乃謂左右曰 此爲我也

① 日食일식

신주 《신역사기》에 "일식日蝕과 같다. 옛날 사람들은 일식에 대하여
인식하기를 중대한 천변天變이라고 했다. 장차 큰 재앙이 강림함을 예
시하는 것으로 여겨 그것을 역사에 기록한 것이라."고 했다.

2월에 양왕梁王 회恢를 옮겨서 조왕趙王으로 삼았다. 여왕呂王 여산呂産을 옮겨 양왕으로 삼았지만 양왕은 봉국封國으로 가지 않고 황제의 태부太傅가[1] 되었다. 황자皇子인 평창후平昌侯 유태 劉太를[2] 여왕呂王으로 삼고 양나라를 개명하여 여呂나라라 하고, 여나라를 제천濟川이라고 했다.

二月 徙梁王恢爲趙王 呂王産徙爲梁王 梁王不之國 爲帝太傅[1] 立 皇子平昌侯太[2]爲呂王 更名梁曰呂 呂曰濟川

① 太傅태부

신주 서주西周 때 처음 만들어진 보직으로 왕을 보좌하거나 예법을 제정하고, 왕이 어리거나 공석일 때 대신하여 국가를 관리할 수 있는 권한을 가진 자리이다. 진秦나라 때 폐지되었다가 전한前漢 때 두 번에 걸쳐 잠시 이 자리를 설치했었다.

② 劉太유태

신주 유태(?~서기전 180년)는 한나라 효혜제의 자녀 중 가장 어린 아들로 생모는 자세하지 않다.

여태후의 여동생 여수呂嬃에게① 딸이 있어서 영릉후營陵侯 유택
劉澤의② 아내가 되었고, 유택이 대장군이 되었다. 여태후가 여러
여씨를 왕으로 삼았는데 곧 자신이 죽은 뒤에 유택劉澤 장군이
여씨를 해칠까 두려워서 유택을 낭야왕琅邪王으로 삼고 그 마음
을 위로해 주는 체했다.

太后女弟呂嬃①有女爲營陵侯劉澤②妻 澤爲大將軍 太后王諸呂 恐
卽崩後劉將軍爲害 迺以劉澤爲瑯邪王 以慰其心

① 呂嬃여수

[색은] 위소는 "번쾌의 아내로, 임광후林光侯에 봉해졌다."라고 했다.
【索隱】 韋昭云 樊噲妻 封林光侯

② 劉澤유택

[신주] 《한서》에 "그가 유방의 당형제라고 했으나 반드시 믿을 만한
것이 못된다."고 했으며, 〈형연세가荊燕世家〉에 "군공軍功으로 영릉후營
陵侯에 봉해졌다."라고 한 기록으로 보아 유방과 혈연관계가 먼 친척이
거나 관계가 없는 것으로 추측할 수 있다.

양왕梁王 유회劉恢가 옮겨 조나라의 왕이 되었지만 마음속으로
는 즐겁지 않았다. 여태후는 여산呂產의 딸을 조나라 왕의 왕후
로 삼았기 때문이다. 왕후를 따르는 관리들이 모두 여씨였는데,
이들은 권력을 멋대로 휘두르며 조왕을 세세히 감시해서 조왕이
마음대로 행동할 수 없었다. 조왕이 사랑하는 여인이 있으면 왕
후는 사람을 시켜 짐주로 살해했다.[1] 왕이 가시歌詩 네 장四章을
만들어 악인樂人에게 노래하게 했다. 왕이 비통해하다가 6월에
자살했다. 태후가 듣고서 왕이 되어 부인 때문에 종묘의 예절을
버렸다고 여기고 그의 후사도 폐지했다.

梁王恢之徙王趙 心懷不樂 太后以呂產女爲趙王后 王后從官皆諸
呂 擅權 微伺趙王 趙王不得自恣 王有所愛姬 王后使人酖殺之[1] 王
乃爲歌詩四章 令樂人歌之 王悲 六月卽自殺 太后聞之 以爲王用婦
人弃宗廟禮 廢其嗣

[1] 王有所愛姬王后使人酖殺之왕유소애희왕후사인짐살지

신주　왕후 여씨는 여후와 아버지의 권위를 믿고 남편과 숙식을 함께
한 총애하는 측실을 독살했다. 후궁의 비명悲鳴을 전해들은 유회는 크
게 한탄하며 그녀를 위해 추모의 노래를 만들고, 궁궐의 악인樂人에게
그것을 연주하게 하고는 이를 듣고 비통해 하다가 자살했다.

선평후宣平侯 장오張敖가 죽자 아들 언偃을 노왕魯王으로 삼고
장오에게 노원왕魯元王이라는 시호를 내렸다.

가을에 여태후가 사신을 대왕代王에게 보내 대왕을 조趙나라의
왕으로 옮기려고 했다. 대왕은 사양하고 대代나라의 변방을 지
키기를 원했다.

태부太傅 여산과 승상 진평 등이 아뢰었다.

"무신후武信侯 여록呂祿은[1] 최상의 제후上侯로서 작위의 순서가
제일 높으니[2] 청컨대 조왕으로 삼아 주십시오."

여태후가 허락하고 여록의 아버지 건성강후建成康侯를 추존해
조나라의 소왕昭王으로 삼았다.

宣平侯張敖卒 以子偃爲魯王 敖賜諡爲魯元王 秋 太后使使告代王
欲徙王趙 代王謝 願守代邊 太傅產 丞相平等言 武信侯呂祿[1]上侯
位次第一[2] 請立爲趙王 太后許之 追尊祿父康侯爲趙昭王

① 呂祿여록

집해 서광은 "여후呂后 오빠의 아들이다. 앞에 호릉후胡陵侯에 봉해
졌는데 대개 호칭은 무신武信이라고 불렀다."고 했다.

【集解】 徐廣曰 呂后兄子也 前封胡陵侯 蓋號曰武信

② 位次第一위차제일

집해 여순은 "공이 큰 자의 지위가 위에 있다는 것이다. 〈공신후표功臣侯表〉에는 제1과 제2의 차례가 있다."고 했다.

【集解】 如淳曰 功大者位在上 功臣侯表有第一第二之次也

9월, 연영왕燕靈王 건建이 죽었다. 미인美人(후궁)의 아들이었는데 태후가 사람을 시켜 살해한 것으로 후사가 없어 나라가 없어졌다. 8년 10월, 여숙왕呂肅王의 아들 동평후東平侯 여통呂通을[1] 세워 연왕燕王으로 삼고 여통의 아우 여장呂莊을[2] 동평후로 봉했다.

九月 燕靈王建薨 有美人子 太后使人殺之 無後 國除 八年十月 立呂肅王子東平侯呂通[1]爲燕王 封通弟呂莊[2]爲東平侯

① 呂通여통

신주 여통(?~서기전 180년)은 전한前漢 제4대 연왕燕王. 할아버지는 여후呂后의 큰오빠이다. 서기전 187년 그의 부친 여태呂台가 처음 여왕呂王으로 봉해져 한고제의 "유씨가 아닌 자는 왕이 되지 못한다."는 원칙을 위배했다. 그 해 여태가 서거하자 여통의 형인 여가呂嘉가 그 자리를 이었으며, 여통은 서기전 180년, 연왕燕王 유건劉建이 죽은 후 이듬해 시월에 여후呂后가 연왕으로 세웠다.

② 呂莊여장

신주 양옥승梁玉繩은 "동평후의 이름이 《사기》〈여태후본기〉에는 '장莊'으로 되어 있고, 〈표表〉에는 '장壯'으로 쓰였으며, 《한서》의 〈표表〉에는 '비庀'로 되어 있다."고 했다.

신주 여장의 할아버지는 여후呂后의 큰오빠인 주여후 여택呂澤이고 아버지는 여태呂台이다. 여가와 여통이 형이 되며 그는 셋째이다. 동평東平은 지금의 산동성山東省 동평현東平縣 서남쪽에 위치하고 있다.

3월 중에 여후呂后가 불제祓祭를① 거행하고 돌아오면서 지도軹道를 지날 때 푸른색의 개처럼 생긴 사물[정령]이 나타나② 고후高后의 겨드랑이를 할퀴고는③ 홀연히 다시 보이지 않았다. 점을 치게 했더니 점쟁이가 '조왕趙王 여의如意가 빌미가 되었다.'고 했다. 고후는④ 결국 겨드랑이의 상처가 병이 되었다.⑤

三月中 呂后祓① 還過軹道 見②物如蒼犬 據③高后④掖 忽弗復見 卜之 云趙王如意爲祟 高后逐病掖傷⑤

---

① 祓불

정의 祓은 '불[芳弗反]'로 발음한다. 뒤에도 동일하다.

【正義】 祓 芳弗反 又音廢 後同

신주 재액을 터는 제사이다.

② 見현

신주 '나타나다'의 뜻이다.

③ 據거

집해 서광은 '극戟'으로 발음한다고 했다.
【集解】 徐廣曰 音戟

④ 高后고후

신주 呂后여후이다. 원래는 고후高后라고 호칭해야 하나 한고제가 죽고 나서 칭제稱制(섭정)했기 때문에 여후라고도 하는 것이다.

⑤ 還過軹道~高后遂病掖傷환과지도~고후수병액상

신주 "청견靑犬은 청구靑狗이다. 청구靑狗, 천구天狗는 고대에 상서롭지 못한 정령精靈로 여겼다. 당나라 때 사마정司馬貞은《사기》〈여태후본기〉를 술찬述贊하여 "여러 여씨들이 정사에 등용되어 천하가 사사로이 되었다. 신하들은 죽임을 당했고, 유방의 얼자孽子들은 참형을 당했다. 이러한 일들로 재앙이 채워지니 청구靑狗가 나타남을 상서롭지 못한 조짐으로 여겼다."고 했다. 명나라의 도융屠隆은 《담화기曇花記》의 〈엄공원대嚴公冤對〉에서 "옛날 팽생彭生(?~서기전 694년)이 원통하게 죽으니 흑시인黑豕人(검은 멧돼지)이 울부짖고, 여의如意가 짐주酖酒로 사망하니, 청구蒼狗가 낮에 나타났다."고 했다. 즉 청견이 나타나 여후의 겨드랑이에 상처를 냈다고 한 것은 머지않아 여후가 중병이 들어 죽는다는 것을 예시하는 것이다.

고후高后는 외손인 노魯나라 원왕元王 장언張偃이 어려서 부모를 잃고 고아로서 유약한 것을 염려해서 장오張敖의 옛 희첩姬妾이 낳은 두 아들을 봉해 장치張侈를 신도후新都侯로 삼고 장수張壽를 악창후樂昌侯로 삼아서[1] 노원왕 장언을 보좌하게 했다. 더불어 궁 안의 대알자大謁者 장석張釋을[2] 봉해 건릉후建陵侯로 삼고 여영呂榮을[3] 축자후祝茲侯로 삼았다. 여러 궁 안의 환관들도 영令과 승丞의 직책을 맡은 자는 모두 관내후關內侯로[4] 삼아서 500호의 식읍을 내렸다.

高后爲外孫魯元王偃年少 蚤失父母 孤弱 迺封張敖前姬兩子 侈爲新都侯 壽爲樂昌侯[1] 以輔魯元王偃 及封中大謁者張釋[2] 爲建陵侯 呂榮[3]爲祝茲侯 諸中宦者令丞皆爲關內侯[4] 食邑五百戶

① 壽爲樂昌侯수위악창후

집해   서광은 "세양細陽의 지양현池陽縣을 식읍으로 했다."라고 했다.

【集解】 徐廣曰 食細陽之池陽鄕

② 張釋장석

집해   서광徐廣은 "다른 판본에는 장석경張釋卿이다."라고 했다. 배인
裴駰이 상고하기를 "여순如淳은 〈백관표百官表〉를 보니 '알자謁者'는 의
식을 진행하고 왕명을 받드는 일을 주관한다. 관영灌嬰은 중알자中謁者
가 되었다. 뒤에는 항상 엄인奄人(환관)으로 이를 삼았는데 여러 관직에
'중中'자를 더한 사람 중에는 엄인奄人이 많았다."고 했다.

【集解】 徐廣曰 一云張釋卿 駰案 如淳曰 百官表 謁者掌賓贊受事 灌嬰爲
中謁者 後常以奄人爲 之 諸官加中者多奄人也

③ 呂榮여영

집해   서광은 "여후의 형제의 아들이다."라고 했다.

【集解】 徐廣曰 呂后昆弟子

④ 關內侯관내후

집해   여순은 "열후列侯는 관關을 나가서 자신의 국가로 나아간다.

관내후關內侯는 다만 그 자신에게 작위만 주어질 뿐인데, 특별함이 있는 자는 관내關內의 읍을 주어 그곳의 조세를 녹으로 받는다.”고 했고, 《풍속통의風俗通義》에는 “진나라 때 6개국이 평정되지 않았을 때 장수들이 모두 관중關中에 집이 있었다. 그래서 관내후關內侯라고 일컬었다.”고 했다.

【集解】 如淳曰 列侯出關就國 關內侯但爵其身 有加異者 與關內之邑 食其租稅也 風俗通義曰 秦時六國未平 將帥皆家關中 故稱關內侯

제2장

여후가 죽고
여씨가 몰락하다

여후呂后가 죽다

7월 중에 고후가 병이 심해지자 조왕趙王 여록呂祿을 상장군을
삼아 북군北軍을 관장하게 하고[1] 여왕呂王 여산呂産은 남군南軍
을 장악하게 했다. 여태후가 여산과 여록에게 경계해서 말했다.
"고제高帝가 천하를 평정하고 대신들과 더불어 맹약하기를 '유
씨가 아닌 자가 왕이 되면 천하가 함께 공격해야 한다.'고[2] 했다.
지금은 여씨가 왕이 되었으니 대신들이 불평할 것이다. 내가 곧
죽으면 황제는 나이가 어려서 대신들이 변란을 일으킬까 두렵
다.[3] 반드시 군사에 의지해서 궁을 호위하고 신중하게 해서 장
례만 치르려 하지 말고 남에게 제압당하지 말라."

七月中 高后病甚 迺令趙王呂祿爲上將軍 軍北軍[1] 呂王産居南軍
呂太后誡産 祿曰 高帝已定天下 與大臣約 曰 非劉氏王者 天下共擊
之[2] 今呂氏王 大臣弗平 我卽崩 帝年少 大臣恐爲變[3] 必據兵衛宮
愼毋送喪 毋爲人所制

① 軍北軍군북군

《한서》와《자치통감》에는 '거북군居北軍'이라 했다. 따라서 '군軍'은 '거居'의 뜻으로 '전체를 관할한다'는 의미이다.

② 非劉氏王者天下共擊之비유씨왕자천하공격지

백마지맹白馬之盟을 말한다.

③ 我即崩~大臣恐爲變아즉붕~대신공위변

제연소帝年少에서 제帝는 '소제少帝'를 가리킨다. 효혜제 후비의 아들이라 했으나 여후가 죽은 후 주허후 유장劉章, 등모후 유흥거劉興居, 주발, 진평 등이 여산, 여록 등 여씨 일족을 물리쳤다. 그 후 유흥거가 여음후汝陰侯 등공藤公과 함께 궁 안으로 들어가 소제少帝 앞으로 나아가서 "족하는 유씨劉氏가 아니니 천자의 자리에 있는 것이 부당하다."고 하며 천자의 자리를 내놓게 하고는 대왕代王 유항劉恒(서기전 203년~서기전 157년)을 천거하여 등극시키니 그가 효문황제孝文皇帝이다. 여후는 바로 이러한 상황이 일어날 것을 예상하고 염려했던 것이다.

신사辛巳일에 고후가 붕어했는데, 유조遺詔에 따라 제후왕들에 게① 각각 천금을 하사하고 장군과 재상, 열후列侯, 낭리郎吏들에 게도 품계에 따라 금을 하사했다. 천하에 대사면령을 내렸다. 여 왕呂王 여산呂産을 상국相國으로 삼고 여록呂祿의 딸을 황후를 삼았다.②

辛巳 高后崩 遺詔賜諸侯王①各千金 將相列侯郎吏皆以秩賜金 大赦 天下 以呂王産爲相國 以呂祿女爲帝后②

① 諸侯王제후왕

집해 채옹蔡邕은 "황자皇子를 봉해 왕王이 된 자는 그 실상이 옛날 의 제후이다. 왕王이라는 호칭을 더했으므로 제후왕諸侯王이라고 한 것 이다. 왕의 자제를 봉해 후侯가 된 자를 제후諸侯라고 이른다."고 했다.

【集解】 蔡邕曰 皇子封爲王者 其實古諸侯也 加號稱王 故謂之諸侯王 王 子弟封爲侯者 謂之諸侯

② 以呂祿女爲帝后이여록여위제후

신주 청나라 양옥승은 "여록의 딸을 왕후로 삼은 것은 마땅히 여후 4년 소제少帝 홍弘이 즉위한 때였다."라고 했다. 《한서》〈외척전〉에도 "정정할 만하다. 이는 고후 사후死後라고 서술한 것은 잘못된 것이다."

라고 했다.

고후를 안장安葬하고 나서① 좌승상 심이기審食其를 황제의 태부
로 삼았다.

高后已葬① 以左丞相審食其爲帝太傅

① 高后已葬고후이장

집해 황보밀은 "장릉長陵에 합장했다."고 했다. 《황람》에는 "고제高
帝와 여후呂后는 산山이 각각 한 곳이다."라고 했다.

【集解】 皇甫謐曰 合葬長陵 皇覽曰 高帝 呂后 山各一所也

주허후朱虛侯 유장劉章은 기백과 용력勇力이 있었고, 동모후東牟
侯 유흥거劉興居는 그의 아우인데 모두 제애왕齊哀王의 동생으
로 장안長安에서 살았다. 당시 여러 여씨들이 정권을 장악하고
권력을 마음대로 하며 난을 일으키려고 했으나 고조의 옛 대신
주발과 관영 등이 두려워서 감히 발병發兵하지 못했다.

朱虛侯劉章有氣力 東牟侯興居其弟也 皆齊哀王弟 居長安 當是時
諸呂用事擅權 欲爲亂 畏高帝故大臣絳 灌等 未敢發

주허후의 아내는 여록呂祿의 딸이었으므로 남몰래 그 모의를
알게 되었다. 주허후는 발각되어 죽임을 당할까 두려워서 은밀
히 사람을 보내 그 형인 제왕에게^① 알리고, 발병하여 서쪽으로
진격하게 해서 여러 여씨를 주살하고 황제로 세우려 했다. 주허
후는 궁 안에서 대신들과 대응하려고 했다. 그러나 제왕이 군사
를 일으키려 했지만 그의 재상이 받아들이지 않았다.

朱虛侯婦 呂祿女 陰知其謀 恐見誅 乃陰令人告其兄齊王^① 欲令發
兵西 誅諸呂而立 朱虛侯欲從中與大臣爲應 齊王欲發兵 其相弗聽

① 齊王제왕

신주 제애왕 유양劉襄을 말한다. 도혜왕悼惠王 유비劉肥의 장자이다.

8월 병오丙午일에 제왕이 사람을 시켜 재상을 처단하려 하자 재
상 소평召平이 반기를 들고 군사를 일으켜 제왕을 포위하려 했다.
제왕이 이를 계기로 그 재상相을 죽이고^① 마침내 군사를 동쪽
으로 발병시켜 거짓말로 낭야왕琅邪王의 군사들을 빼앗아서^②
함께 서쪽으로 진격했다. 자세한 기록은 제왕齊王 세가世家에
들어 있다.

八月丙午 齊王欲使人誅相 相召平乃反 舉兵欲圍王 王因殺其相^①
遂發兵東 詐奪瑯邪王兵^② 并將之而西 語在齊王語中

① 王因殺其相왕인살기상

신주　제나라 재상 소평召平은 제 애왕이 군사를 일으키려 하자 불복하고 오히려 궁성을 포위하려했다. 위발魏勃이 한나라 조정에서 발급한 호부虎符가 없어 군사를 발병하지 못한다고 소평을 설득하면서 당신을 위해 군대를 이끌고 궁성을 지키겠다는 말에 소평이 허락했다. 군사의 지휘권을 넘겨받은 위발은 곧바로 소평을 포위하자 소평은 위발에게 속은 것을 한탄하며 그 자리에서 자결했다.

② 詐奪瑯邪王兵사탈낭야왕병

신주　소평召平을 제압한 후 사균駟鈞, 축오祝午, 위발과 함께 언匽나라에서 군사를 징발한 후 축오를 낭야왕에게 보내 "여씨들의 반란을 진압하기 위해 서진西進하여 장안으로 들어가려 한다. 그러나 제왕은 군사 일에 익숙하지 못해 대왕代王에게 맡기고자 한다. 임치로 가서 제왕과 계책을 세우고 제군과 함께 관중에서 일어난 여씨의 난을 진압하자"고 하는 말에 이를 믿고 임치臨淄로 달려갔다가 낭야왕은 억류당하고 말았다.

제왕이 이에 제후왕들에게 편지로 말했다.

"고제高帝(유방)께서 천하를 평정하시고 여러 자제를 왕으로 삼으면서 도혜왕을 제왕齊王으로 삼았습니다. 도혜왕이 세상을 떠나자 효혜제께서 유후留侯 장량을 시켜 신臣을 세워 제왕으로 삼았습니다. 효혜제께서 붕어하고 고후高后(여태후)께서 정사를 맡았는데 연세가 많아 여러 여씨의 말만 듣고 황제를 폐하고 바꾸어 세웠습니다. 또한 잇따라 세 명의 조왕을 죽였으며[①] 양梁, 조趙, 연燕나라를 멸망시켜서 여러 여씨를 왕으로 삼고[②] 제나라를 넷으로 나누었습니다.[③] 충신들이 나아가 간했음에도 상上(태후)은 미혹되고 어지러워져서 듣지 않았습니다. 지금 고후께서 붕어하셨는데 황제는 나이가 어려서 천하를 다스릴 수 없으니 진실로 대신이나 제후들한테 의지해야 합니다. 그러나 여러 여씨呂氏가 멋대로 자신들의 관직을 높이고 군사를 모아서 위세를 엄하게 하고 열후列侯와 충신들을 겁박하여 제制(태후의 명령)를 위조해서 천하에 명령함으로써 종묘를 위태롭게 하고 있습니다. 과인은 군사를 이끌고 들어가서 부당하게 왕이 된 자들을 주살할 것입니다."

齊王迺遺諸侯王書曰 高帝平定天下 王諸子弟 悼惠王王齊 悼惠王薨 孝惠帝使留侯良立臣爲齊王 孝惠崩 高后用事 春秋高 聽諸呂 擅廢帝更立 又比殺三趙王[①] 滅梁 趙 燕以王諸呂[②] 分齊爲四[③] 忠臣進諫 上惑亂弗聽 今高后崩 而帝春秋富 未能治天下 固恃大臣諸侯 而諸呂又擅自尊官 聚兵嚴威 劫列侯忠臣 矯制以令天下 宗廟所以危 寡人率兵入誅不當爲王者

① 比殺三趙王비살삼조왕

색은 비比의 발음은 글자와 같고, 빈頻(자주)과 같다. 조은왕趙隱王 여의如意, 조유왕趙幽王 우友, 조왕趙王 회恢가 이 세 명의 조왕趙王이다.
【索隱】 比音如字 比猶頻也 趙隱王如意 趙幽王友 趙王恢 是三趙王也

② 滅梁趙燕以王諸呂멸양조연이왕제여

신주 양梁나라는 유회劉恢의 봉국인데 여후呂后가 유 회왕을 조趙나라로 옮기게 하고 여산呂産에게 봉하여 양왕으로 삼았다. 여후가 또 조왕 유회를 죽이고 여록呂祿에게 봉하여 조왕으로 삼았으며, 연燕나라는 유건劉建의 봉국인데 유건이 죽자 유건의 아들을 죽이고 여통呂通에게 봉하여 연왕으로 삼았다. 이로써 유씨의 삼국을 없애고 여씨들이 제후왕을 차지한 것을 말한 것이다.

③ 分齊爲四분제위사

신주 제나라의 제남군濟南郡을 여국呂國으로, 낭야군琅琊郡을 낭야국琅琊國으로 하고, 성양군城陽郡을 노원공주에게 탕목읍湯沐邑으로 바쳤다. 따라서 원래의 제나라 땅이 여국, 낭야국, 탕목읍과 제국齊國으로 제나라 땅을 4등분하였다.

한나라 조정에서 이 소식을 듣고 상국相國 여산呂産 등이 영음후潁陰侯 관영灌嬰을[1] 보내 군사를 이끌고 공격하게 했다. 관영이 형양滎陽에 이르자 상의해서 말했다.

"여러 여씨들이 관중關中에서 병권을 장악해 유씨를 위태롭게 하고 스스로 서고자 합니다. 내가 지금 제나라를 쳐부수고 돌아가 보고하게 되면 이는 여씨들의 세력을[2] 증가시키는 것입니다."

이에 형양에 머물러 군사를 주둔시키고 사신을 보내 제왕과 제후들을 타일러 서로 연합하게 하고 여씨들이 변란을 일으키는 것을 기다려 함께 주살하기로 했다. 제왕이 이 소식을 듣고 군사들을 서쪽 국경에 주둔시키고[3] 약속을 기다렸다.

漢聞之 相國呂産等乃遣潁陰侯灌嬰[1]將兵擊之 灌嬰至滎陽 乃謀曰 諸呂權兵關中 欲危劉氏而自立 今我破齊還報 此益呂氏之資[2]也 迺留屯滎陽 使使諭齊王及諸侯 與連和 以待呂氏變 共誅之 齊王聞之 乃還[3]兵西界待約

① 灌嬰관영

신주 관영(?~서기전 176년)은 하남성 수양睢陽 사람이다. 처음 비단 장수였다가 한고조를 따라 항우를 격파하는 데에 공을 세워 영음후潁陰侯에 봉해졌다. 고조가 죽고 여씨들이 발호하자 진평, 주발과 함께 평정했다. 그 후 태위와 승상의 자리에 올랐다.

② 資자

'자資'는 '세勢'를 말한다.

③ 還환

'환還'은 '둔屯'(주둔하다)의 뜻이다. 〈제도애왕세가齊悼哀王世家〉와 《한서》에 '둔屯'으로 기록했다.

여록과 여산이 관중에서 난을 일으키고자 했는데 안으로는 강후絳侯 주발과 주허후朱虛侯 유장 등을 꺼렸고, 밖으로는 제나라와 초나라의 군사를 두려워했다.① 또 관영이 배반할까 우려해서 관영의 군사와 제나라의 군사가 서로 싸울 때를 기다려 군사를 일으키려고 했지만 미적거리면서 결행하지 못했다.②

呂祿 呂產欲發亂關中 內憚絳侯 朱虛等 外畏齊 楚兵① 又恐灌嬰畔之 欲待灌嬰兵與齊合而發 猶豫未決②

---

① 內憚絳侯朱虛等外畏齊楚兵내탄강후주허등외외제초병

여태후 원년에 여씨들을 왕으로 삼으려 하자 왕릉王陵이 유방과의 '백마지맹白馬之盟'을 들어 반대했으나 진평陳平과 강후絳侯 등이 찬성했다. 왕릉이 꾸짖으니, 유씨들을 보호하기 위한 것이라고 대답했다. 제애왕 유양劉襄과 초원왕 유교劉交는 여러 여씨 들에 대한 분노심이 강한 제후왕들이었다. 여록과 여산은 이러한 기미를 짐작하고 그들을 꺼리고 두려워했다. 관영의 군대가 제군齊軍과 교전하는 것이 여씨의 뜻이나 교전하지 하지 않은 것에서도 이들이 겉으로 충성하며 기회를 엿보고 있었음을 알 수 있다.

② 猶豫未決유예미결

색은   유猶의 발음에 대해 추탄생은 '우[以獸反]'라고 하고 예豫는 '예預'라고 발음하며, '예豫'라고 된 곳도 있다. 최호崔浩는 "유猶는 원숭이의 종류이다. 들창코에 꼬리가 긴데 성질이 의심이 많다."고 했다. 또 《설문說文》에 "유猶는 짐승 이름이고 의심이 많은 것이다."고 했는데, 그래서 여기에 비교한 것이다. 상고해보니 여우의 성질이 또한 의심이 많아서 얼음을 건널 때도 물소리를 듣는다. 그래서 '여우의 의심[狐疑]'이라고 일렀다. 지금 해설하는 자가 또 《노자》 제15장의 '의심하기를 겨울의 시내를 건너는 것처럼 하고 망설이기를 사방의 이웃이 두려운 것처럼 하라.'[與兮若冬涉川, 猶兮若畏四鄰]'를 인용했다. 그래서 '유여猶與(~듯하다)'가 일상적인 말[常語]이 되었다. 또 상고해보니 여우가 얼음에서 물소리를 듣는다는 것은 여기에서 '겨울에 시내를 건너는 듯하다[若冬涉川]'라는 것이라면 여與는 여우의 무리로 의심하지 않는 것이다. '사방의 이웃을 두려워하는 듯하다[猶兮若畏四鄰]'라는 것이라면 유猶가 바로 이 짐승으로 스스로 동류를 보호하지 않았다. 그래서 '사방을 두려워하다

[畏四鄰]'라고 이른 것이다.

【索隱】 猶 鄒音以獸反 與音預 又作 豫 崔浩云 猶 蝯類也 卬鼻 長尾 性多 疑 又說文云 猶 獸名 多疑 故比之也 按 狐性亦多疑 度冰而聽水聲 故云狐 疑也 今解者又引老子 與兮若冬涉川 猶兮若畏四鄰 故以爲猶與是常語 且 按狐聽冰 而此云 若冬涉川 則與是狐類不疑 猶兮若畏四鄰 則猶定是獸 自 不保同類 故云 畏四鄰也

신주 미적미적하다. 곧 주저주저하면서 결정하지 못하다는 뜻이다.

이때에 제천왕濟川王 유태劉太, 회양왕淮陽王 유무劉武, 상산왕常山王 유조劉朝 등은 명색이 소제少帝의 아우였고,[1] 노원왕魯元王은 여후의 외손이었는데 모두 나이가 어려서 봉국으로 가지 못하고 장안에 거주하고 있었다. 또 조왕趙王 여록과 양왕梁王 여산은 각각 군사들을 거느리고 남군南軍과 북군北軍에 거주했는데 모두가 여씨 사람들이었다. 그래서 열후列侯나 여러 신하들은 스스로 운명을 굳게 할 수 없었다.

當是時 濟川王太 淮陽王武 常山王朝名爲少帝弟[1] 及魯元王呂后外 孫 皆年少未之國 居長安 趙王祿 梁王產各將兵居南北軍 皆呂氏之 人 列侯羣臣莫自堅其命

① 名爲少帝弟명위소제제

제천왕濟川王 유태劉太, 회양왕淮陽王 유무劉武, 상산왕常山王 유조劉朝는 모두 혜제惠帝의 후궁인 미인美人의 아들이었지만 장태후張太后는 자신의 소생이라고 주장했다.

태위太尉인 강후絳侯 주발周勃도 군중軍中으로 들어가 군사들을 주관할 수 없었다.[1] 곡주후曲周侯 역상酈商은[2] 늙어 병이 들었고 그의 아들 역기酈寄는 여록呂祿과 친한 사이였다.[3]

太尉絳侯勃不得入軍中主兵[1] 曲周侯酈商[2]老病 其子寄與呂祿善[3]

---

① 太尉絳侯勃不得入軍中主兵태위강후발부득입군중주병

주발은 군부를 통할하는 직책이었음에도 여록이 북군北軍을, 여산이 남군南軍을 장악하고 병권을 휘둘러 태위太尉로서의 힘을 발휘할 수 없었다.

② 酈商역상

역상(?~서기전 180년)은 고양高陽 사람이다. 양나라 재상으로서 진승의 반란 때 수천의 병사를 모아 패공이 진류현陳留縣에 머물고 있을 때, 기현岐縣에서 패공에게 귀속했다. 패공을 따라 완宛과 양穰 등의 땅을 함락시키고 열일곱 현을 평정했으며, 또 그는 따로 군대를 이끌어 순관句關과 한중漢中 등을 정복함으로써 전공이 컸다. 유방이 항우를 물리치고 한의 황제가 되었을 때도 장도의 난을 진압했고, 상곡上谷과 대나라와 안문雁門을 평정하여 그 공훈으로 우승상에 올랐으며, 하북성의 곡주曲周를 식읍으로 받고 곡주후曲周侯가 되었다. 변사辯士 역이기酈食其가 그의 형이고, 역기酈寄는 그의 아들이다.

③ 其子寄與呂祿善기자기여여록선

신주　역상이 유방에게 귀속하여 여가呂家의 세력이 부상한 후 유가劉家와 알력이 있었다. 이때 역씨가 양가 사이를 중재하는 역할을 함으로써 여씨 집안과 비교적 좋은 관계를 유지했다. 특히 역기와 여록은 함께 사냥하고 술을 마시며 즐기는 사이로 우의가 매우 돈독하여 역기의 말이나 계책計策을 거의 받아들일 정도로 신뢰했다.

그래서 강후는 승상 진평陳平과 모의하고 사람을 보내 역상을 겁박하게① 해서 그의 아들 역기로 하여금 여록을 속여 설득하게 했다.

"고제께서는 여후와 함께 천하를 평정해서 유씨로서 왕으로 세운 자는 아홉 명이었고② 여씨로서 왕으로 세운 자는 세 명이었습니다.③ 모두 대신들이 의논한 것으로 일을 마친 후 제후들에게 포고하니 제후들도 모두 마땅하게 여겼습니다. 지금 태후께서 붕어하시고 황제께서도 어립니다. 그런데 족하足下께서 조왕의 인수印綬를 차고 급하게 봉국으로 가서 변방을 지키지 않고 이에 상장군이 되어 군사를 거느려 이곳에 머무르고 계시니 대신들과 제후들이 의심합니다. 족하께서는 어찌 인수를 반환해서 군사들을 태위에게 돌려주지 않으십니까? 청컨대 양왕께서도④ 상국相國의 인수를 돌려주어 대신들과 함께 맹약하고 봉국으로 가신다면 제나라의 군사들이 반드시 물러날 것이며 대신들도 안심할 수 있을 것입니다. 이로써 족하께서는 높은 베개를 베고⑤ 천 리의 왕 노릇을 할 수 있을 것이며⑥ 이것이야말로 만세에 이롭게 될 것입니다."

絳侯迺與丞相陳平謀 使人劫①酈商 令其子寄往紿說呂祿曰 高帝與呂后共定天下 劉氏所立九王② 呂氏所立三王③ 皆大臣之議 事已布告諸侯 諸侯皆以爲宜 今太后崩 帝少 而足下佩趙王印 不急之國守藩 乃爲上將 將兵留此 爲大臣諸侯所疑 足下何不歸印 以兵屬太尉 請梁王④歸相國印 與大臣盟而之國 齊兵必罷 大臣得安 足下高枕⑤而王千里⑥ 此萬世之利也

① 劫겁

《신역사기》에 "협박하여 인질로 삼았다."고 했다.

② 九王구왕

색은　오吳, 초楚, 제齊, 회남淮南, 낭야琅邪, 대代, 상산왕조常山王朝, 회양왕무淮陽王武, 제천왕태濟川王太 등이 이 구왕九王이다.
【索隱】　吳 楚 齊 淮南 琅邪 代 常山王朝 淮陽王武 濟川王太 是九也

③ 三王삼왕

색은　양왕 여산梁王呂産, 조왕 여록趙王呂祿, 연왕 여통燕王呂通이다.
【索隱】　梁王産 趙王祿 燕王通也

④ 梁王양왕

신주　여왕呂王 여산呂産을 가리킨다. 양梁나라를 여呂나라로 개칭했지만 여기서는 여왕이라 하지 않고 양왕으로 지칭했다.

⑤ 高枕고침

신주　근심걱정 없이 편안히 지냄을 이르는 말이다.

⑥ 王千里왕천리

사방 천리나 되는 땅에서 왕 노릇을 한다. 즉 여록은 사방 천리의 조나라에 봉해진 왕의 신분이기 때문에 조나라로 돌아가야 함을 설득하는 말이다.

여록은 그의 계책이 그럴 듯하다고 여기고 장군의 인수를 돌려주어 군사들을 태위에게 귀속시키려고 했다. 그래서 사람을 시켜 여산呂産과 여러 여씨 노인들에게 보고하니 어떤 이는 편리하다고 하고 어떤 이는 불편하다고 말해서 계획을 미루고 결정하지 못했다. 여록은 역기를 믿고 때때로 함께 나가 사냥을 즐겼다. 사냥이 끝나고 그의 고모인 여수呂嬃의 집에 들렀는데, 여수가 크게 화내면서 말했다.

"너는 장군이 되어 군대를 버렸으니 여씨들은 지금 거처할 곳이 없게 되었다."①

그리고 주옥珠玉과 보기寶器를 당堂 아래로 집어던지면서 말했다.

"다른 사람들의 것이 될 것인데 갖고 있을 필요가 없다."

呂祿信然其計 欲歸將印 以兵屬太尉 使人報呂産及諸呂老人 或以爲便 或曰不便 計猶豫未有所決 呂祿信酈寄 時與出游獵 過其姑呂嬃 嬃大怒 曰 若爲將而弃軍 呂氏今無處①矣 乃悉出珠玉寶器散堂下 曰 毋爲他人守也

① 無處무처

색은 안사고는 주멸誅滅을 당해서 거처할 곳이 없게 될 것이라고 말했다.

【索隱】 顔師古以爲言見誅滅 無處所也

좌승상 심이기가 면직되었다.

8월 경신庚申일 아침, 평양후平陽侯 조줄曹窋이① 임시로 어사대부의 일을 맡고 상국인 여산을 만나서 일을 상의했다. 낭중령郎中令 가수賈壽가 사신으로 제나라에 갔다가 와서 여산을 꾸짖으면서② 말했다.

"왕께서는 일찍이 봉국으로 가지 않았는데 비록 지금 간다고 해도 아직도 갈 수 있다고 여기십니까?"

이에 상세하게 관영이 제나라와 초나라와 연합해서 여러 여씨를 주살하려 한다고 여산에게 고하면서 이에 여산에게 시급히 궁으로 입궐하라고 말했다.

左丞相食其免 八月庚申旦 平陽侯窋①行御史大夫事 見相國產計事 郎中令賈壽使從齊來 因數②產曰 王不蚤之國 今雖欲行 尚可得邪 具以灌嬰與齊楚合從 欲誅諸呂告產 乃趣產急入宮

---

① 曹窋조줄

신주 조줄(?~서기전 161년)은 패현 사람으로 성은 희姬고 씨는 조曹이다. 한나라 개국공신 조참의 아들로 효혜제 때 중대부, 어사대부를 지냈고 평양후에 봉해졌다.

① 數수

신주 '꾸짖다責望'의 뜻이다.

평양후 조줄은 자못 그의 말을 듣고 달려와서 승상 진평과 태위 주발에게 알렸다. 태위가 북군으로 들어가고자 했지만 들어갈 수 없었다. 그러나 양평후襄平侯 기통紀通은 부절符節을 관리했으므로① 곧 부절을 가지고 황제의 칙령이라 가장하고 태위가 북군으로 들어갔다.②

平陽侯頗聞其語 迺馳告丞相 太尉 太尉欲入北軍 不得入 襄平侯通 尙符節① 迺令持節矯內②太尉北軍

---

① 襄平侯通尙符節양평후통상부절

집해 서광은 "통通의 성은 기紀이다."라고 했다. 장안張晏은 "기신紀信의 자字이다. 상尙은 주관한다主는 뜻이다. 지금 부절符節의 영令을 주관한다."고 했다.

【集解】 徐廣曰 姓紀 張晏曰 紀信字也 尚 主也 今符節令

<u>색은</u>　장안은 "기신의 아들이다."라고 했다. 또 진작은 "기신紀信은 초나라에 의해 불타 죽어서 그 후사를 볼 수가 없다. 조사해보니 〈공신표〉에 양평후襄平侯 기통紀通의 아버지는 기성紀成이다. 장군으로서 삼진三秦을 정벌하다 죽었는데 아들은 후侯이다."라고 했다. 그러니 기통은 기신의 아들이 아니다. 장안의 설명은 잘못된 것이다.

【索隱】 張晏云 紀信子 又晉灼云 信被楚燒死 不見有後 按功臣表襄平侯 紀通 父成以將軍定三秦 死事 子侯 則通非信子 張說誤矣

② 矯內교내

<u>신주</u>　거짓으로 속여 안으로 들어가다. '교矯'는 '기欺(속이다)'의 뜻이다.

태위는 다시 역기와 전객典客인① 유게劉揭에게 먼저 여록을 설득해서 말하게 했다.

"황제께서 태위를 시켜 북군을 관장하게 하고② 족하는 봉국으로 가게 했으니 급히 장군의 인수를 사양하고 떠나야 합니다. 그렇게 하지 않으면 재앙이 장차 일어날 것입니다."

太尉復令酈寄與典客①劉揭先說呂祿曰 帝使太尉守②北軍 欲足下之國 急歸將印辭去 不然 禍且起

① 典客전객

집해 《한서》〈백관표〉에는 "전객典客은 진秦나라의 관직이다. 제후에게 귀의한 만이蠻夷들을 관장하는 것이다."라고 했다.
【集解】 漢書百官表曰 典客 秦官也 掌諸侯 歸義蠻夷也

② 守수

신주 '관장管掌하다'의 뜻이다.

여록은 역황酈兄(여기)이① 자신을 속이지 않을 거라 여기고 마침내 인수를 풀어서 전객典客에게 맡기고 병권을 태위에게 주었다. 태위는 장군의 인수를 가지고 군문軍門으로 들어가 군중軍中에 영을 내려 말했다.

"여씨를 위할 자는 오른쪽 어깨를 드러내고 유씨를 위할 자는 왼쪽 어깨를 드러내라."②

군중軍中에서는 모두 유씨를 위한다고 왼쪽 어깨를 드러냈다. 태위가 북군에 이르니 장군 여록 또한 벌서 상장군의 인수를 풀어놓고 떠나서 태위가 마침내 북군을 거느리게 되었다.

呂祿以爲酈兄①不欺己 遂解印屬典客 而以兵授太尉 太尉將之入軍門 行令軍中曰 爲呂氏右襢 爲劉氏左襢② 軍中皆左襢爲劉氏 太尉行至 將軍呂祿亦已解上將印去 太尉遂將北軍

① 酈兄역황

집해 서광은 "형兄은 황況으로 발음하는데 그역기의 자字이다. 이름은 기寄이다."라고 했다.

【集解】 徐廣曰 音況 字也 名寄

② 爲呂氏右襢爲劉氏左襢위여씨우단위유씨좌단

신주 《신역사기》에 원황袁黃은 "군중에 발령하여 '좌단左襢'이라고 한 것은 그 사이를 관망할 필요가 없다. 이것을 갑자기 말한 것은 여씨에게 분노하게 하고 유씨를 그리워하게 하는 것이니 물음을 기다리지 않고도 알 수 있다."고 했다.

신주 이 말에서 '좌단左襢'이란 성어가 비롯되었다. 즉 '좌단左襢'은 웃옷의 왼쪽 어깨를 벗는다는 뜻으로 어떤 의견에 동의하거나 같은 편에 서는 것을 비유하는 말이다. '좌단우단左襢右襢'이라고도 한다.

그러나 아직 남군南軍이 남아 있었다. 평양후가 소식을 듣고 여산이 모의한 것을 승상 진평에게 알렸고, 승상 진평은 주허후를 불러서 태위를 보좌하게 했다. 태위는 주허후를 시켜 군문軍門을 감독하게 했다. 또 평양후를 시켜서 위위衛尉에게[①] 알려 '상국 여산을 궁전 문으로 들이지 말라.'고 했다. 여산은 여록이 이미 북군을 떠난 것을 알지 못하고 미앙궁으로[②] 들어가 난亂을 일으키려 했는데, 궁문을 들어가지 못하고 서성거리면서 왔다 갔다 했다.

然尚有南軍 平陽侯聞之 以呂產謀告丞相平 丞相平乃召朱虛侯佐太尉 太尉令朱虛侯監軍門 令平陽侯告衛尉[①] 毋入相國產殿門 呂產不知呂祿已去北軍 迺入未央宮[②] 欲爲亂 殿門弗得入 裴回往來

① 衛尉위위

신주 궁중의 방위를 관장하는 벼슬이다. 진秦·한漢나라 때는 9경卿 중 하나에 속했으나 송宋나라 때 폐지되었다.

② 未央宮미앙궁

신주 전한 때 세워진 궁전이다. '미앙궁未央宮'이 세워진 시기는 한고 조 8년, 서기전 199년으로 유방이 한나라를 건국하고 황제로 등극한지 3년 후, '소하'가 수도 장안에 지은 궁이다. 지금의 섬서성陝西省 장안시 長安市 서북쪽에 그 터가 남아 있다.

평양후는 싸움에서 이기지 못할까 두려워서 달려가 태위에게 말했다. 태위 역시 여씨들에게 이기지 못할까 두려워서 감히 공공연히 여씨를 주벌하자고 말하지[1] 못하고 주허후를 보내면서 일렀다.

"급히 궁으로 들어가 황제를 호위하라."

주허후가 군사들을 요청하자 태위는 병사 1,000여 명을 주었다.[2] 이에 미앙궁 문으로 들어가서 여산을 궁중 뜰에서 만났다. 그날 저녁 무렵 마침내 여산을 공격했다. 여산이 달아나자 하늘에서 바람이 크게 일었고, 이 때문에 여산을 따르던 관리들이 혼란에 빠져 감히 싸우려고 하지 않았다. 여산을 쫓아가 낭중부郎中府의 측간에서 여산을 죽였다.[3]

平陽侯恐弗勝 馳語太尉 太尉尚恐不勝諸呂 未敢訟[1]言誅之 迺遣朱虛侯謂曰 急入宮衛帝 朱虛侯請卒 太尉予[2]卒千餘人 入未央宮門 逐見產廷中 日餔時 逐擊產 產走 天風大起 以故其從官亂 莫敢鬭 逐產 殺之郎中府吏廁中[3]

① 訟송

집해 서광은 "송訟은 다른 판본에는 공公으로 되어 있다."고 했다. 배인이 상고해보니 위소는 "송訟은 공公과 같다."고 했다.

【集解】 徐廣曰 訟 一作公 駰按 韋昭曰 訟猶公也

상고해보니 위소는 송訟을 공公이라고 했고, 서광은 또 다른 판본에는 '공公'으로 되어 있다고 했는데 대개 공公이 그 뜻을 얻은 것이다. 그러나 공公은 분명하게 말하는 것과 같은 것이다. 또 해설하는 자가 송訟이라고 말한 것도 통하는 설명이다.

【索隱】 按 韋昭以訟爲公 徐廣又云 一作公 蓋公爲得 然公言猶明言也 又解者云訟 誦說也

② 予여

신주 '여與(주다)'와 같다.

③ 郎中府吏厠中낭중부리측중

집해 여순은 〈백관표百官表〉에 낭중령郎中令은 궁전의 문호를 관장한다. 그래서 그 부府가 궁 안에 있는데 뒤에 광록훈光祿勳으로 옮겼다."고 했다.

【集解】 如淳曰 百官表郎中令掌宮殿門戶 故其府在宮中 後轉爲光祿勳也

신주 《자치통감資治通鑑》의 주註에도 "여순如淳이 말하기를 낭중령은 궁전의 문호를 관장하기 때문에 관부가 궁중에 있다."고 했다.

주허후가 여산을 살해하자 황제는 알자謁者(내시)에게 부절을 가지고 주허후를 위로하라고 명했다. 주허후가 부절의 신표를 빼앗고자 했는데 알자가 들어주지 않자 주허후는 알자의 수레에 함께 타고 부절의 신표를 이용해 달려가 장락궁長樂宮[1]에서 위위衛尉 여갱시呂更始를 참수했다. 말을 돌려 달려서 북군으로 들어가 태위에게 보고했다. 태위가 일어나 주허후에게 정중하게 하례하며[2] 말했다.

"근심하는 것은 오로지 여산이었는데 지금 이미 처단했다니 천하는 안정될 것이오."

朱虛侯已殺產 帝命謁者持節勞朱虛侯 朱虛侯欲奪節信 謁者不肯 朱虛侯則從與載 因節信馳走 斬長樂[1]衛尉呂更始 還 馳入北軍 報太尉 太尉起 拜賀[2]朱虛侯曰 所患獨呂產 今已誅 天下定矣

① 長樂宮장락궁

신주 진나라 때는 흥락궁興樂宮이라 불렀다. 고조가 황제 등극 후에 장락궁長樂宮이라 개명하고 이곳에서 한나라의 정사를 돌보았다. 이 장락궁의 규모는 주위 8킬로미터 정도로 신궁信宮·장추전長秋殿·영수전永壽殿·영녕전永寧殿 등의 부속 건물이 있었다.

② 拜賀배하

정중하고 공손하게 축하함을 나타내는 말이다.

드디어 사람을 각 부서에 나누어 보내서 여씨 남자와 여자들을 모두 채포해 젊은이나 어른이나 모두 목을 벴다. 신유辛酉일에 여록을 체포해 목을 베고 여수는 매로 쳐죽였다. 사람을 보내 연왕 여통呂通을 주살하고 노왕 언偃을 폐위시켰다. 임술壬戌일에 황제의 태부 심이기를 복직시켜 좌승상으로 삼았다. 무진戊辰일에 제천왕濟川王을 양왕梁王으로 삼고[1] 조유왕趙幽王의 아들 유수劉遂를 조왕으로 세웠다. 주허후 유장劉章을 보내 여러 여씨를 처단한 일을 제왕齊王에게 알리고 군사를 해산하도록 명했다. 관영의 군사도 형양에서 해산하고 돌아갔다.

遂遣人分部悉捕諸呂男女 無少長皆斬之 辛酉 捕斬呂祿 而笞殺呂嬃 使人誅燕王呂通 而廢魯王偃 壬戌 以帝太傅食其復爲左丞相 戊辰 徙濟川王王梁[1] 立趙幽王子遂爲趙王 遣朱虛侯章以誅諸呂氏事 告齊王 令罷兵 灌嬰兵亦罷滎陽而歸

① 徙濟川王王梁사제천왕왕양

제천왕은 유태劉太(?~서기전 180년)이다. 혜제의 아들이지만 조정에서 여씨 세력을 몰아낸 후 고황후가 혜제의 희비姬妃가 낳은 아이를 혜제의 아들인 것처럼 꾸몄다면서 혜제의 아들임을 인정하지 않았다. 그래서 《사기》와 《한서》에 그 이름을 표기하지 않았다. 다만 《사기색은》에서 여씨 일족으로 보아 여태呂太라고 기록했다. 고황후 원년(서기전 184년) 평창후平昌侯에 봉해지고 제천왕이 되었으나 나이가 어려서 본국으로 가지 않고 장안에 거주했다. 서기전 180년, 조정에서 여씨 세력을 타도하면서 주살된 여산을 대신해 양왕에 봉해졌으나 문제文帝가 대代나라에서 돌아오면서 소제 유홍, 회양왕 유무, 항산왕 유조와 함께 주살되었다.

여후 세력들을 대거 주륙하다

여러 대신들이 서로 몰래 상의해서 말했다.

"소제少帝와 양왕梁王, 회양왕淮陽王, 상산왕常山王은 모두 효혜제의 진짜 아들이 아닙니다. 여후가 계략을 써서 다른 사람의 아들들을 황제의 아들이라고 속이고 그 어머니를 죽이고, 후궁에서 기르면서 효혜제의 아들이라며 후사로 세우거나 여러 왕으로 봉해서 여씨의 세력을 강하게 했던 것입니다. 지금 이미 모든 여씨들을 멸족시켰는데 그들이 세운 자들을 남겨두었다가 장성해서 정권을 잡게 되면 우리들은 남아남이 없을 것입니다. 여러 왕 중에서 가장 어진 자를 살펴서 세우는 것만 같지 못할 것입니다."

어떤 이가 말했다.

"제나라 도혜왕悼惠王은 고제高帝의 장자이고, 지금 그의 적자適子가 제왕齊王이니, 근본을 밝혀 말한다면 고제의 적장손을 세우는 것이 좋을 것입니다."

諸大臣相與陰謀曰 少帝及梁 淮陽 常山王 皆非真孝惠子也 呂后以

計詐名他人子 殺其母 養後宮 令孝惠子之 立以爲後 及諸王 以彊呂

氏 今皆已夷滅諸呂 而置所立 卽長用事 吾屬無類矣 不如視諸王最

賢者立之 或言 齊悼惠王高帝長子 今其適子爲齊王 推本言之 高帝

適長孫 可立也

① 呂后以計詐名他人子여후이계사명타인자

신주 효혜제의 누나인 노원공주의 딸이 효혜황후孝惠皇后가 되었는
데, 자식이 없었다. 미인이 임신하자 자신이 임신한 척하고 미인의 아들
을 빼앗아 자신의 아들이라고 소문을 내고 그 아들을 태자太子로 삼은
일을 말한다.

대신들이 모두 말했다.

"여씨들은 외가外家인데 악하게도 종묘를 거의 위태롭게 하였고 공신들을 어지럽혔습니다. 지금 제왕齊王의 어머니 집안은 사씨駟氏인데 사균駟鈞은 악인입니다.[①] 만일 제왕을 세운다면 다시 여씨와 같이 될 것입니다."

또 회남왕淮南王을 세우고자 했지만 나이가 어리고 어머니 집안 또한 악했다. 이에 대신들이 말했다.

"대왕代王은 지금 고제高帝의 살아 있는 아들로서 가장 나이가 많은데,[②] 인자하고 효성이 지극하며 마음이 너그럽고 후덕한데다 태후 박씨薄氏 집안은 언행에 신중하고 선량합니다. 또 나이 많은 이를 세우는 것이 순리이며, 인효仁孝한 것으로 천하에 알려졌으니 편리할 것입니다."

大臣皆曰 呂氏以外家惡而幾危宗廟 亂功臣今齊王母家駟(鈞) 駟鈞惡人也[①] 卽立齊王 則復爲呂氏 欲立淮南王 以爲少 母家又惡 迺曰 代王方今高帝見子 最長[②] 仁孝寬厚 太后家薄氏謹良 且立長故順 以仁孝聞於天下 便

① 今齊王母家駟鈞駟鈞惡人也금제왕모가사사균사균악인야

신주 《신역사기》에 장문호張文虎는 "위의 '균鈞' 자는 아래와 관련해서 연문衍文(쓸 데 없이 들어간 글)이 된다. 남송본南宋本과 중통본中統本에는 아울러 없다."고 했다. 이른바 '사균은 악인이다[駟鈞 惡人也]'라고 운운한 것은 "당시 주발 등 여러 사람들이 제나라를 대하는 두려움으로 인해 증오함이 생겨서 억지로 더한 말이라."고 했다.

신주 〈제도혜왕세가齊悼惠王世家〉에 "제왕齊王의 어머니 집안의 사균駟鈞이 사납고 흉포하니, 호랑이 머리에 갓을 쓴 자이다."라고 해서 부정적으로 묘사했다. 이 말은 제애왕齊哀王이 천자로 옹립되는 것을 막기 위한 계략임을 시사한다.

② 崔長최장

신주 '장長'은 '장년長年'을 의미한다. 이 때 효문황제에 오른 유항劉恒(서기전 203년~서기전 157년)의 나이가 24세였다.

이에 서로 뜻을 같이하고 몰래 사신을 보내 대왕을 모셔오게 했다. 대왕이 사신을 보내 사양했다. 두 번을 반복한 다음에 육승六乘의 마차를 타고① 9월② 윤달 그믐날 기유己酉일에 장안에 이르러 대代의 관저에 머물렀다.③ 대신들이 모두 가서 배알하고 천자의 옥새를 받들어 대왕에게 올리고 함께 높여 세워 천자로 삼았다. 대왕이 여러 차례 사양하다가 여러 신하들이 굳게 청한 연후에 받아들였다.

迺相與共陰使人召代王 代王使人辭謝 再反 然後乘六乘傳① 後九月②晦日己酉 至長安 舍代邸③ 大臣皆往謁 奉天子璽上代王 共尊立爲天子 代王數讓 羣臣固請 然後聽

① 乘六乘傳승육승전

집해 장안은 "한漢나라의 조정에 변란이 있을 것을 대비해서 달려 돌아오려 한 것이다. 어떤 이는 전거육승傳車六乘이라고 했다."고 했다.
【集解】 張晏曰 備漢朝有變 欲馳還也 或曰傳車六乘

신주 《신역사기》에 승륙승전乘六乘傳에 대해 여러 가지 설을 말하고 있다. 안사고는 장안張晏의 말을 인용하여 "한나라 조정에 변란이 있을 것을 대비해서 달려 돌아오려 한 것이다. 어떤 이는 전거육승傳車六乘이라고 했다."고 했고, 능치융凌稚隆은 동빈董份의 말을 인용하여 "대개 문제가 한나라의 일을 헤아려서 이미 정해놓고 세워놓았다가 육승의 전 거를 이용해 급히 달려왔는데, 준비를 많이 하지 못했을 뿐이라."고 했 다. 또 창수량倉修良은 "여섯 차례 전거를 바꿔 타고 와 신속함을 취할 수 있었다."고 했다.

② 九月구월

집해 문영文穎은 "곧 윤 9월이다. 당시 율력律曆이 없어졌으므로 윤 달을 알지 못해서 '후구월後九月'이라고 이른 것이다. 10월이 한 해의 첫머리가 되므로 9월에 이르면 한 해가 끝나니 후구월後九月은 곧 윤달 이다."라고 했다.

【集解】 文穎曰 即閏九月也 時律曆廢 不知閏 謂之後九月也 以十月爲歲 首 至九月則歲終 後九月則閏月

③ 代王使人辭謝~至長安舍代邸대왕사인사사~지장안사대저

신주 삼국시대 유비劉備가 인재를 맞아들이기 위해 제갈량諸葛亮의 집을 세 번 찾아갔듯이(삼고초려三顧草廬) 유항劉恒은 대신들이 자신을 황 제로 옹립하려는 의사를 두 번 거절하고 세 번째 찾았을 때, 육승六乘 의 마차를 타고 장안으로 왔다. 이는 이미 황제에 옹립되는 것을 마음 으로 허여許與했다는 의미이다.

동모후東牟侯 유흥거劉興居가 말했다.

"여씨를 주륙하는데 나는 공로가 없으니 청컨대 궁 안의 소제掃除를 맡겨 주십시오."①

이에 태복太僕인 여음후汝陰侯 등공滕公과 함께 궁 안으로 들어가 소제少帝 앞으로 나아가서 말했다.

"족하는 유씨劉氏가 아니니 천자의 자리에 있는 것이 부당합니다."②

東牟侯興居曰 誅呂氏吾無功 請得除宮① 乃與太仆汝陰侯滕公入宮

前謂少帝曰 足下非劉氏 不當立②

① 請得除宮청득제궁

신주 '제除'는 소제少帝를 없애겠다는 의미이다.

② 足下非劉氏不當立족하비유씨부당립

신주 당시 조정 대신들은 혜제의 아들들인 후소제 유홍劉弘 뿐만 아니라 양왕梁王 유태劉太, 회양왕淮陽王 유무劉武, 상산왕 유조劉朝가 모두 혜제의 친아들이 아니고 여태후가 여씨의 세력을 키우기 위해 다른 사람의 아들을 데려다 황제의 아들이라고 사칭한 것이라고 주장했다.

그리고 좌우의 창을 가진 자들을 돌아보며 무기를 모아두고① 떠나라고 했다. 몇 사람이 무기를 버리고 가려하지 않자 환자령宦者令 장택張澤이 조칙을 내리니② 역시 무기를 놓고 떠나갔다. 등공이 이에 승여를 불러서 소제를 태우고 궁궐 밖으로 나갔다.③

乃顧麾左右執戟者揹兵①罷去 有數人不肯去兵 宦者令張澤諭告②

亦去兵 滕公迺召乘輿車載少帝出③

① 揹兵부병

집해 서광은 "揹는 '부仆'로 발음한다."고 했다.

【集解】 徐廣曰 揹音仆

② 諭告유고

신주 《자서字書》에 "유諭는 깨우치는 것[曉]이고 고告는 명령하는 것[命]이다." 하였으니, 천자가 제후에게 내리는 詔勅조칙을 말하는 것이다. 상商 · 주周 시대의 글에는 이런 글이 보이지 않고,《춘추좌전》과《국어》에 주나라 천자가 제후에게 유고諭告하거나 열국列國이 왕래하면서 서로 고하는 내용이 실려 있다.

③ 乘輿車載少帝出승여거재소제출

집해　채옹은 "율律에 '감히 승여乘輿와 임금의 의복服御을 도둑질하다.'라고 했다. 천자天子는 지존至尊으로 감히 낮추는 말을 할 수 없기에 승여乘輿에 의탁한다. 승乘은 재載와 같고, 여輿는 거車와 같다. 천자는 천하를 가家로 삼는다. 경사京師(서울)의 궁실에만 항상 거처하지 않고 곧 마땅히 수레를 타고 천하를 행한다. 그래서 여러 신하들이 수레에 의탁해서 천자라고 말하는 것이다. 그래서 어떤 이는 '거가車駕'라고 이르기도 한다."라고 했다.

【集解】 蔡邕曰 律曰 敢盜乘輿服御物 天子至尊 不敢渫瀆言之 故託於乘輿也 乘猶載也 輿猶車也 天子以天下爲家 不以京師宮室爲常處 則當乘車輿以行天下 故羣臣託輿以言之也 故或謂之車駕

소제가 말했다.

"장차 나를 어디로 데려 가느냐?"

등공이 말했다.

"궁 밖으로 나가서 살게 하려 합니다."

소부少府에 머무르도록 했다.[①] 그리고 천자天子의 법가法駕를[②] 받들고 관저에서 대왕代王을 맞이하며 보고했다.

"궁 안을 삼가 깨끗이 했습니다."

대왕은 곧 저녁에 미앙궁으로 들어갔다. 알자謁者 10여 명이 창을 가지고 궁의 단문端門(정문)을 호위하며 말했다.

"천자天子께서 계시는데 족하는 무슨 일로 들어가려 하십니까?"

대왕이 태위太尉에게 일렀다. 태위가 가서 알아듣게 설명하자 알자謁者 10여 명이 모두 병기를 거두고 떠나갔다. 대왕代王이 마침내 들어가 정사를 살폈다. 그날 밤 담당 관리들이 부서를 나누어 양왕, 회양왕, 상산왕과 소제少帝를 관저에서 모두 주살했다.

少帝曰 欲將我安之乎 滕公曰 出就舍 舍少府[①] 乃奉天子法駕[②] 迎代王於邸 報曰 宮謹除 代王卽夕入未央宮 有謁者十人持戟衛端門 曰 天子在也 足下何爲者而入 代王乃謂太尉 太尉往諭 謁者十人皆掊兵而去 代王遂入而聽政 夜 有司分部誅滅梁 淮陽 常山王及少帝於邸

① 舍少府사소부

신주 《신역사기》에 "거주하는 곳이 소부의 관저 안에 있다. 소부는 구경九卿 중의 하나로 황제 사가私家의 이재理財 및 황가에서 일하는 제조업 등, 일체를 관장한다."고 했다.

② 法駕법가

집해 채옹은 "천자天子에게는 대가大駕, 소가小駕, 법가法駕가 있다. 법가法駕는 위에서 타는 것을 금근거金根車라고 하는데, 여섯 마리의 말이 이끌고, 오시부거五時副車(천자가 타는 청·적·흑·백·황의 다섯 수레)가 있는데 모두 사마四馬가 이끌며 시중侍中이 참승參乘하며 따르는 수레는 36대가 된다."고 했다.

【集解】 蔡邕曰 天子有大駕 小駕 法駕 法駕上所乘 曰金根車 駕六馬 有五時副車 皆駕四馬 侍中參乘 屬車三十六乘

대代왕이 천자가 되어 23년 만에 붕어하니 시호가 효문황제孝文皇帝이다.

代王立爲天子 二十三年崩 謚爲孝文皇帝

태사공은 말한다.

"효혜황제孝惠皇帝와 고후高后 시대에는 백성이 전국戰國의 고통에서 벗어날 수 있었으며,[①] 군주와 신하들은 함께 하는 일이 없이[②] 쉬고자 했다. 그래서 혜제는 수공垂拱(옷소매를 늘어뜨리고 팔짱을 낌)으로 일관했고, 고후高后는 여인으로 군주가 되어 칭제稱制해서 정사는 방 안에서 이루어졌어도 천하가 편안했다. 형벌을 간편하게 줄여서[③] 시행했지만 죄인이 드물었고 백성들은 농업에 힘쓰니 의식이 더욱 풍족해졌다."[④]

太史公曰 孝惠皇帝 高后之時 黎民得離戰國之苦[①] 君臣俱欲休息乎無爲[②] 故惠帝垂拱 高后女主稱制 政不出房戶 天下晏然 刑罰罕用[③] 罪人是希 民務稼穡 衣食滋殖[④]

① 黎民得離戰國之苦여민득리전국지고

신주 진시황이 죽고 진승의 난을 시작으로 관동關東 지방에서 구국九國 일어나 다시 전국戰國이 되었다. 그 후 유방과 항우가 이들을 평정했고, 또 유방이 항우를 물리치는 과정에서의 치열한 싸움은 세상을 피폐하게 했다. 그러나 효혜제와 여후의 시대에는 백성들의 삶이 피폐함에서 벗어나 평온했음을 말한 것이다. 또 '백성들은 농업에 힘쓰니 의식이 더욱 풍족해졌다'고 끝을 맺음으로써 사마천은 여후의 시대를 긍정적으로 평가하고 있음을 알게 한다.

② 無爲무위

《신역사기》는 "도가학파에서 말하는 일종의 철학사상으로 자연에 순응하고 인위적으로 사는 것을 필요로 하지 않는다고 제창한다. 그들의 구호가 '무위無爲'이지만 실제상 도리어 '무불위無不爲'의 목적에 도달했다면 변증법을 잘 이해한 것이다. 한대 초기에는 생산을 회복하고 생계를 위한 사회적 요구에 부응하기 위해 통치자가 이와 같은 청정무위淸靜無爲의 철학을 좋아했다."고 했다.

신주　사마천이 효혜제와 여후를 평한 전체 문장의 맥락을 따져보면 도가사상보다 유학사상에 훨씬 더 근접한다. '형벌한용刑罰罕用'은 무위無爲가 아닌 '덕치德治'를 표방한 것이고, '민무가색民務稼穡'은 '항산恒産'을 의미하기 때문이다. 이에 대한 결과가 '죄인시희罪人是希'와 '의식자식衣食滋殖'으로 나타난 것이다. 물론 조상국 세가에서 조참이 승상이 된 후 무위無爲를 실천한다는 명목으로 전혀 맡은 일을 하지 않고 지내고 있는데, 아무리 생각해봐도 노자가 말하고 있는 무위가 아니라는 생각이다. 오히려 무위도식이라는 생각이 먼저 떠오른다. 따라서 '무위無爲'라는 한 단어를 가지고 도가의 철학사상으로 결론낸 것은 사마천이 말하고자 하는 본뜻에서 빗나간 것이 아닌가라는 의문이 든다.

③ 刑罰罕用형벌한용

신주　법을 간편하게 제정하고 형량을 줄여 집행함을 가리킨다.

④ 太史公曰~衣食滋殖태사공왈~의식자식

사마천은 여후呂后가 칭제하던 시절, 천하가 잘 다스려졌다고 하며 여후에 대한 평가를 매우 긍정적으로 평가했다. 반면 당나라 사마 정司馬貞은《색은술찬索隱述贊》에서 그녀의 성질이 잔혹했으며 효혜제 가 세상을 떠났을 때도 슬퍼하지 않았고, 여씨들에게 정권을 주어 천하 를 다스리는 데에 사사로움을 보였다고 비난했다. 여후에 대한 평가가 다른 것은 그들이 처한 상황과 역사를 보는 시점이 달랐기 때문이라고 여겨진다. 즉 한무제 때 사마천은 한나라 통일 전후의 시대상을 반영하 고 있고, 당현종 시대의 사마정은 윤리도덕적인 측면을 중시해 그 시각 이 달랐음을 시사한다.

색은술찬 사마정이 펼쳐서 밝히다.

고조는 아직 미천했지만, 여씨는 비妃가 되었다. 정면에서는 처마에서 (고조를) 끼기에 이르고, 밑에서는 위복威福을 부렸다. 뜻은 안일하고 참 을성을 품었지만, 성격은 시기와 의심을 지녔다. 제도왕齊悼王에게 짐독 을 차렸고, 잔인하게 척희戚姬를 사람돼지로 만들었다. 효혜제가 붕어했 지만, 그 곡소리는 슬프지 않았다. 여러 여씨가 일을 맡아, 천하가 자기 들 것임을 보였다. 대신들은 살육당하고[저해菹醢], 지엽의 자손은 베어 없앴다. 화가 차서 이것이 응보가 되니, 푸른 개가 검어지게 되었다.

【索隱述贊】 高祖猶微 呂氏作妃 及正軒掖 潛用福威 志懷安忍 性挾猜疑 置 鴆齊悼 殘彘戚姬 孝惠崩殂 其哭不悲 諸呂用事 天下示私 大臣菹醢 支蘗芟 夷 禍盈斯驗 蒼狗爲菑

사기 제10권 史記卷九

효문본기 孝文本紀

제1장

혼란이 계속되다

대왕에서 황제로 영입되다

효문황제孝文皇帝는[1] 고조高祖의 가운데 아들이다.[2] 고조 11년 봄, 이미 진희陳豨의[3] 군대를 쳐부수어 대代 땅을 안정시킨 후 대왕代王으로 옹립하고 중도中都에[4] 도읍했다. 태후太后 박씨薄氏의[5] 아들이다.

孝文皇帝[1] 高祖中子[2]也 高祖十一年春 已破陳豨[3]軍 定代地 立爲 代王 都中都[4] 太后薄氏[5]子

① 孝文皇帝효문황제

집해 《한서음의》에는 "휘諱(이름)는 항恒이다."라고 했다.

【集解】 漢書音義曰 諱恆

② 中子중자

효문제는 고조의 여덟 아들 중에 넷째 아들이다.

③ 陳豨진희

진희(?~서기전 196년)는 완구宛朐(지금의 산동성 하택시 부근) 사람이다. 한고조의 신하로서 고조 7년에 그를 양하후夏陽侯에 봉하고 대代와 조趙 사이의 변경에 있는 군사를 감독하게 했다. 조나라의 주창周昌이 고조에게 진희가 변을 일으킬까 두렵다는 밀고로 진희를 소환하자 병을 핑계로 거부하였다. 그 후 자신의 빈객 왕황王黃 등과 반역하고 스스로 대왕이 되었다. 한고조 11년 겨울 고조가 보낸 유항劉恒(효문제)과 그의 군사에게 대패하고 이듬해 영구靈丘에서 참살당했다.

④ 中都중도

《괄지지》에는 "중도中都의 고성은 분주汾州 평요현平遙縣 서남쪽 12리에 있는데, 진秦나라 때 태원군太原郡에 속했다."고 했다.
【正義】 括地志云 中都故城在汾州平遙縣西南十二里 秦屬太原郡也

⑤ 太后薄氏태후박씨

태후박씨(?~서기전 155년)는 한고제 유방의 후궁 중 하나로 효문황제의 생모다. 원래는 위나라 왕 위표魏豹의 후궁이었는데, 위표가 한군에게 패한 후 포로가 되어 한의 직조실에서 일했다. 한고제가 직조실에 왔다가 그녀를 보고 후궁으로 삼았다. 오랫동안 부름을 받지 못하다가 그 후 한 번의 기회를 얻어 아이를 낳았는데, 이 아이가 황제(효문제)에 올라서 태후가 되었다.

대왕으로 즉위한 지 17년 고후高后 8년 7월 고후가 붕어했다. 9월 여러 여씨諸呂와 여산呂産 등이 난亂을 일으켜 유씨劉氏를 위태롭게 하려하자 대신들이 함께 죽이고 모의해서 대왕을 불러서 세웠다. 자세한 내용은 〈여태후본기呂太后本紀〉에 기록되어 있다.

卽位十七年 高后八年七月 高后崩 九月 諸呂呂産等欲爲亂 以危劉氏 大臣共誅之 謀召立代王 事在呂后語中

승상 진평과 태위 주발周勃 등이 사람을 보내서 대왕을 영접하
게 했다. 대왕은 좌우 측근과 낭중령 장무張武① 등에게 물었다.
장무 등이 의논해서 말했다.

"한나라의 대신들은 모두가 옛 고제高帝 때의 대장들로서 군사
일에 익숙하고 모사謀詐가 많은 자들이니 그 속셈이 여기에 머
무르지 않을 것입니다.② 다만 고제高帝와 여태후의 위엄을 두려
워했을 뿐입니다. 지금 이미 여러 여씨를 죽여서 새로이 경사京
師를③ 피바다로 만들고④ 이것으로 대왕을 영접한다는 명분으로
삼았지만 진실로 믿을 수가 없습니다. 원컨대 대왕께서는 병을
핑계로 가지 마시고 그 변화를 관망하십시오."

丞相陳平 太尉周勃等使人迎代王 代王問左右郎中令張武①等 張武
等議曰 漢大臣皆故高帝時大將 習兵 多謀詐 此其屬意非止此也②
特畏高帝 呂太后威耳 今已誅諸呂 新啑血④京師③ 此以迎大王爲名
實不可信 願大王稱疾毋往 以觀其變

① 張武장무

신주   장무(?~?)는 한문제의 신하로 벼슬이 낭중령郎中令과 거기장군
車騎將軍에 이르렀다. 주발과 진평 등이 대왕代王 유항劉恒을 황제로 옹
립하려 했을 때, 장무는 신중히 대처할 것을 권했다. 유항이 황제로 즉
위한 후 그는 흉노족의 침입을 방어하는데 힘써 황제의 신임을 받았다.

② 非止此也비지차야

신주　대신의 지위에만 머무르지 않을 것이란 뜻이다.

③ 京師경사

집해　《공양전公羊傳》에는 "경京은 '대大'란 뜻이고 사師는 '중衆'이란 뜻이다. 천자天子의 거처는 반드시 중대衆大한 언사言辭로 하는 것이다."라고 했다.

【集解】 公羊傳曰 京 大 師 衆也 天子之居 必以衆大之辭言也

④ 蹀血첩혈

색은　첩蹀은 《한서》에 '첩喋'(피가 흐르다)으로 되어 있다. 접의 발음은 '접[丁牒反]'이고 《한서》〈진탕두업전陳湯杜業傳〉에는 모두 '첩혈喋血'이라고 말했는데, 회맹하고 마셨던 일은 없었다. 《광아廣雅》에는 "첩蹀은 리履(밟다)이다."라고 하여 밟고 건너는 것을 이른다.

【索隱】 喋 漢書作 喋 音跕 丁牒反 漢書陳湯杜業皆言喋血 無盟歃事 廣雅云 蹀 履也 謂履涉之

중위中尉 송창宋昌이[1] 앞으로 나아가 말했다.

"여러 신하들의 의논은 모두 잘못된 것입니다. 무릇 진나라가 그 바른 정치를 잃어서 제후, 호걸들이 함께 일어났는데 사람들마다 자신이 천하를 얻을 수 있다고 여긴 자가 수만 명이었습니다. 그러나 끝내 천자의 지위에 오른 분은 유씨였고, 천하가 모두 천자가 되려는 바람을 단절했으니 이것이 첫 번째입니다. 고제께서 자제들을 왕으로 봉하실 때 그들의 땅이 개의 어금니처럼 서로 견제하게[2] 하셨는데 이것이 이른바 반석의 근원이 되어[3] 천하가 그 강한 것에 복종하게 했으니 이것이 두 번째입니다. 한나라가 일어나 진나라의 가혹한 정치를 제거하고 법령을 간략하게 하는 것으로 덕과 은혜를 베풀어 사람들이 모두 스스로 편안하게 여겨서 동요시키기가 어려워졌으니[4] 이것이 세 번째입니다.

中尉宋昌[1]進曰 羣臣之議皆非也 夫秦失其政 諸侯豪桀並起 人人自以爲得之者以萬數 然卒踐天子之位者 劉氏也 天下絕望 一矣 高帝封王子弟 地犬牙相制[2] 此所謂盤石之宗[3]也 天下服其彊 二矣 漢興除秦苛政 約法令 施德惠 人人自安 難動搖[4] 三矣

① 宋昌송창

색은 《동관한기東觀漢記》〈송양전宋楊傳〉에 송의宋義의 후예에 송창宋昌이 있다고 했다. 또 《회계전록會稽典錄》에 송창은 송의의 손자라고 했다.

【索隱】 東觀漢記宋楊傳宋義後有宋昌 又會稽典錄昌 宋義孫也

② 犬牙相制견아상제

자제子弟들을 봉한 나라의 국경이 서로 교접하고 있는 것이 개의 어금니가 고르지 않아서 서로 무는 것과 같다고 말한 것이다.
【索隱】 言封子弟境土交接 若犬之牙不正相當而相銜入也

신주 한고제漢高帝가 통일 후 공신들에게 땅을 나누어 봉토하자 제후들끼리 서로 싸우고 황실에 반기를 드는 일이 일어났다. 이에 백마지맹白馬之盟을 통하여 유씨가 아니면 왕이 될 수 없음을 선언하고 나라의 경계를 복잡하게 하여 친족 혈연들에게 봉함으로써 서로 견제하게 했음을 말한 것이다. 견아상착犬牙相錯, 견아교착犬牙交錯, 견아상림犬牙相臨과 동의어로 오늘날 불규칙한 땅의 경계나 사물의 형편이 복잡하게 뒤얽혀 있음을 비유하는 말로 쓰인다.

③ 盤石之宗반석지종

그 견고한 것이 반석盤石과 같은 것을 말한 것이다. 이것은《태공육도太公六韜》에 나오는 말이다.
【索隱】 言其固如盤石 此語見太公六韜也

④ 漢興除秦苛政~人人自安難動搖한흥제진가정~인인자안난동요

신주 진나라는 강력한 법령으로 철권통치를 행함으로 민심이 이반

離反된 것을 거울삼아서 한나라는 백성들을 위해 법령을 완화하고 덕치를 행했다고 말한 것이다.

무릇 여태후께서 위엄으로써 여러 여씨諸呂씨들 중 3명을 왕으로 세워서 권력을 멋대로 휘둘러 전제하게 했지만 태위太尉가 부절 하나로 북군北軍에 들어가^① 한 번 군사들을 호령하자 모두 왼쪽 어깨를 드러내어^② 유씨를 위하면서 여러 여씨에게서 돌아서 마침내 멸망시켰습니다. 이는 하늘이 내려주는 것이지 사람의 힘이 아닙니다.^③ 지금 대신들이 비록 변란을 일으키려고 해도 백성들이 부림을 당하지 않을 것인데 그 무리들이 어찌 제 멋대로 할 수 있겠습니까? 바야흐로 안으로는 주허후와 동모후의 친척들이 있고 밖으로는 오吳 · 초楚 · 회남淮南 · 낭야琅邪 · 제齊 · 대代가 강합니다.^④ 지금 고제의 아드님은 오직 회남왕과 대왕大王뿐이신데 대왕께서는 또 어른이시고 어질고 거룩하시며 인자하시고 효자이신 것이 천하에 알려졌기 때문에 대신들은 천하의 마음에 따라서 대왕을 맞이해 세우고자 하는 것이니 대왕께서는 의심하지 마십시오."

夫以呂太后之嚴 立諸呂爲三王 擅權專制 然而太尉以一節入北軍^① 一呼士皆左袒^② 爲劉氏 叛諸呂 卒以滅之 此乃天授 非人力也^③ 今大臣雖欲爲變 百姓弗爲使 其黨寧能專一邪 方今內有朱虛 東牟之親 外畏吳 楚 淮南 瑯邪 齊 代之彊^④ 方今高帝子獨淮南王與大王 大王又長 賢聖仁孝 聞於天下 故大臣因天下之心而欲迎立大王 大王勿疑也

① 一節入北軍일절입북군

곧 기통紀通이 황제의 부절이라고 위조해준 것이다.
【索隱】 卽紀通所矯帝之節

② 一呼士皆左袒일호사개좌단

신주 태위 주발周勃은 여록呂祿이 이끌고 있던 북군北軍에 들어가
"여씨를 위하는 자는 오른쪽 어깨를 드러내고 유씨를 위하는 자는 외
쪽 어깨를 드러내라."고 호통하여 군사 모두에게 왼쪽 어깨를 드러내게
함으로써 유씨에게 충성할 것을 확약 받았다.

③ 此乃天授非人力也차내천수비인력야

신주 농천瀧川은 "〈유후세가留侯世家〉에 장량張良이 황제를 일컬어
말하기를 '패공沛公은 거의 하늘에서 내려주었다.'라고 했는데, 대개 당
시에 있었던 이 말을 송창宋昌이 인용하여 유씨를 일컬은 것이다."라고
했다.

④ 方今內有朱虛~代之彊방금내유주허~대지강

신주 제왕 유양劉襄, 주허후 유장劉章, 동모후 유흥거劉興居는 유방
의 장남 유비劉肥의 아들이다. 오왕 유비劉濞는 유방의 조카, 초왕 유교

劉交는 유방의 아우, 낭야왕 유택劉澤은 유방의 친족, 회남왕 유장劉長은 유방의 아들이니 즉 안팎으로 유씨들이 권력을 장악하고 있음을 말하는 것이다.

대왕이 태후太后에게[1] 이 계책을 보고했지만 오히려 결정할 수 없었다. 그래서 거북의 껍질에 점을 쳤는데 가로로 크게 갈라지는[2] 점괘가 나왔다. 점괘에 '크게 가로로 갈라져 드러내었으니 나는 천왕이 될 것이다. 하夏나라의 계啓(우왕의 아들)와 같이 빛날 것이다.'[3]라고 했다. 대왕이 말했다.

"과인이 실로 이미 왕이 되었거늘 또 무슨 왕인가?"

복인卜人이 말했다.

"이른바 천왕天王이란 천자天子입니다."

代王報太后[1]計之 猶與未定 卜之龜 卦兆得大橫[2] 占曰 大橫庚庚 余爲天王 夏啓以光[3] 代王曰 寡人固已爲王矣 又何王 卜人曰 所謂天王者乃天子

① 太后태후

신주 효문제를 낳은 어머니 박씨薄氏를 가리킨다. 유항柳恒이 황제로 등극하면서 효문태후孝文太后가 되었다.

② 大橫대횡

응소는 "가시나무로 거북 껍질을 구워서 바르게 갈라진 문양이 나타난 것이다."라고 했다.
【集解】 應劭曰 以荊灼龜 文正橫

③ 大橫庚庚余爲天王夏啓以光대횡경경여위천황하계이광

복건服虔은 "경경庚庚은 횡모橫貌(옆으로 본 모습)이다."라고 했다. 이기李奇는 "경경庚庚은 그 요문繇文(점사占辭)이다."라고 했다. 장안張晏은 "가로로 가는 것橫行은 복종하지 않을 자가 없다를 이른 것이다. 경庚은 경更(고치다)이다. 제후 자리를 떠나서 제위帝位에 즉위하는 것을 말한 것이다. 이 전에 오제五帝가 천하를 관장하다가 늙으면 어진 이에게 선양했는데, 계啓에 이르러 처음으로 아버지의 벼슬을 전해서 선군先君의 기업基業을 빛나게 다스렸다. 문제가 또한 아버지의 자취를 물려받는 것은 하夏나라의 계啓와 같다고 말한 것이다."라고 했다.
【集解】 服虔曰 庚庚 橫貌也 李奇曰 庚庚 其繇文也 張晏曰 橫(行)[謂]無思不服 庚 更也 言去諸侯而即帝位也 先是五帝官天下 老則禪賢 至啟始傳父爵 乃能光治先君之基業 文帝亦襲父迹 言似夏啟者也

순열荀悅은 "가로로 길게 갈라진 것은 거북점의 점괘가 가로로 갈라지는 것이 이치이다."라고 말했다. 상고해보니 경경庚庚은 '경경更更'과 같고 제후가 제위帝位로 바뀌는 것을 말한 것이다. 순열이 이르기를 "요繇(점사)는 추抽(뽑다)이고 길하고 흉한 정황吉凶之情을 뽑은 것이다."라고 했다. 두예杜預는 "요繇는 조짐의 말兆辭이고 발음은 주胄다."라고 했다. 상고해보니 《한서》에 개관요蓋寬饒가 이르기를 "오제五帝는 천하를 관장하고 삼왕三王은 천하를 집家으로 삼았는데, 오제는 천하를 관장했다가 현인에게 전했고, 삼왕은 천하를 집家으로 삼아서 자손에게 전했다."고 했다. 관官은 '공公'과 같으니 개인의 것으로 여기지 않은 것을 이른 것이다.

【索隱】 荀悅云 大橫 龜兆橫理也 按 庚庚猶更更 言以諸侯更帝位也 荀悅云 繇 抽也 所以抽出吉凶之情也 杜預云 繇 兆辭也 音胄也 按 漢書蓋寬饒云 五帝官天下 三王家天下 官以傳賢人 家以傳子孫 官猶公也 謂不私也

이에 대왕代王이 태후의 아우 박소薄昭를① 보내 강후絳侯를 만나보게 했다. 강후 등이 박소에게 왕을 맞이해 세우려는 뜻을 구체적으로 갖추어 말했다. 박소가 돌아와서 보고했다.

"진실합니다. 의심하지 마십시오."

대왕이 이에 웃으면서 송창에게 일렀다.

"과연 공의 말과 같도다."

이에 송창을 참승參乘(수레 오른쪽에서 호위하는 장수)으로 명하고 장무 등 6명은 승전乘傳(역마)을 타고 장안으로 가게 했다. 고릉高陵에② 이르러 휴식하면서 송창에게 먼저 장안으로 달려가서 변화를 살펴보라고 했다.

於是代王乃遣太后弟薄昭①往見絳侯 絳侯等具爲昭言所以迎立王意 薄昭還報曰 信矣 毋可疑者 代王乃笑謂宋昌曰 果如公言 乃命宋昌參乘 張武等六人乘傳詣長安 至高陵②休止 而使宋昌先馳之長安觀變

① 薄昭박소

신주 박소(?~서기전 170년)는 전한 문제 때 박태후의 유일한 친동생이며 문제의 외삼촌이다. 거기 장군에 임명되었고 지후軹侯(지금의 하남성河南省 제원시濟源市 지성진軹城鎭)에 봉해졌다. 그는 제여諸呂의 난 때 태위 주발과 연계하여 유항을 옹립하는데 공이 컸다. 그러나 한문제 10년 겨울 그는 문제의 사자使者를 죽인 사건으로 인해 결국 자살했다.

② 高陵고릉

정의 《괄지지》에 "고릉高陵의 고성은 옹주雍州 고릉현 서남쪽 1리에 있다. 본 이름은 횡교橫橋이고 위수渭水 위를 가로지른다."라고 했다. 《삼보구사三輔舊事》에는 "진秦나라는 위수 남쪽에 흥락궁興樂宮이 있었고 위수 북쪽에는 함양궁咸陽宮이 있었다. 진소왕秦昭王이 두 궁의 사이를 통하게 하려고 횡교橫橋를 만들었다. 길이가 380보인데 다리 북쪽 물속 돌에 예부터 부유付留(忖留?) 신상神象이 있었다. 이 신상神象은 일찍이 노반魯班(공수반)과 말을 했는데 노반이 물에서 나가라고 명하자 부유付留가 '내 모습이 추한데도 경卿이 내 용모를 잘 그렸으니 나갈 수 없소.'라고 말했다. 노반이 이에 손을 모으고(拱手) 함께 말하기를 '머리를 내밀어 나를 보시오.'라고 말했다. 부유가 이에 머리를 내밀었다. 노반이 다리脚를 땅에 그리자 깨달은 부유가 갑자기 물에 빠졌다. 그래서 그의 상象을 물 위에 놓았지만 다만 허리 위만 있었다. 위태조魏太祖(조조)의 말이 이를 보고 놀라자 아래로 옮기라고 명했다."고 한다.
【正義】 括地志云 高陵故城在雍州高陵縣西南一里 本名橫橋 架渭水上 三輔舊事云 秦於渭南有興樂宮 渭北有咸陽宮 秦昭王欲通二宮之閒 造橫橋 長三百八十步 橋北(京)[壘]石水中 舊有忖留神象 此神曾與魯班語 班令其出 留曰 我貌醜 卿善圖物容 不出 班於是拱手與語曰 出頭見我 留乃出首 班以脚畫地 忖留覺之 便沒水 故置其像於水上 唯有腰以上 魏太祖馬見而驚 命移下之

신주 노반은 춘추시대 노魯나라의 유명한 장인匠人으로서 서툰 목
수가 그의 집 앞에서 도끼로 나무를 다듬다가 망신당했다는 '반문농부
班門弄斧'라는 성어가 전해진다. 자신의 실력을 알지 못하고 무모하게 달
려들 때를 비유하는 말이다.

송창宋昌이 위교渭橋에① 이르자 승상 이하의 관리들이 모두 영
접하러 나왔다. 송창이 돌아와서 보고했다. 대왕代王이 말을 달
려서 위교渭橋에 이르자 모든 신하들이 배알하면서 신하라고 일
컬었다. 대왕이 수레에서 내려 배례拜禮하니 태위 주발이 앞으로
나아가 말했다.
"원컨대 조용히 말씀드리기를② 청합니다."
송창이 말했다.
"말할 바가 공적인 것이라면 공적으로 말하십시오. 말할 바가
사적인 것이라면 왕자王者는 사적인 것을 받지 않습니다."
태위가 이에 무릎을 꿇고 천자의 옥새玉璽와 부절符節을 올렸다.
대왕이 사양하면서 말했다.
"대왕의 관저에③ 가서 의논합시다."
昌至渭橋① 丞相以下皆迎 宋昌還報 代王馳至渭橋 羣臣拜謁稱臣
代王下車拜 太尉勃進曰 願請閒言② 宋昌曰 所言公 公言之 所言私
王者不受私 太尉乃跪上天子璽符 代王謝曰 至代邸③而議之

① 渭橋위교

집해 소림蘇林은 "장안의 북쪽 3리에 있다."고 했다.
【集解】 蘇林曰 在長安北三里

색은 《삼보고사三輔故事》에는 "함양궁은 위수 북쪽에 있고 흥락궁은 위수의 남쪽에 있다. 진소왕秦昭王이 두 궁 사이를 통하게 하려고 위교渭橋를 만들었는데 길이가 380보였다."고 했다. 또《관중기關中記》에는 "돌기둥石柱의 북쪽은 부풍扶風에 속하고 돌기둥石柱의 남쪽은 경조京兆에 속한다."고 했다.
【索隱】 三輔故事 咸陽宮在渭北 興樂宮在渭南 秦昭王通兩宮之閒 作渭橋長三百八十步 又關中記云 石柱以北屬扶風 石柱以南屬京兆也

② 閒言한언

색은 포개包愷는 "閒은 '한閑'으로 발음하는데 공간空閒에 거처해서 말하고자 하는 것을 뜻한다."라고 했다. 안사고는 "한閒은 용容(조용한 것)이다. 조용한 가운데中閒에 말하는 것과 같다. 조용한 틈을 청해서 말하려는 것이지 곧 공론公論을 말하고자 한 것은 아니다."라고 했다.
【索隱】 包愷音閑 言欲向空閒處語 顏師古云 閒 容也 猶言中閒 請容暇之頃 當有所陳 不欲即公論也

③ 邸저

《설문》에는 "저邸는 속국屬國의 관사이다."라고 했다.

【索隱】 說文 邸 屬國舍

드디어 수레를 달려서 대왕의 관저에 이르니 여러 신하들도 따라서 이르렀다. 승상 진평, 태위 주발, 대장군 진무陳武,[1] 어사대부 장창張蒼,[2] 종정宗正[3] 유영劉郢, 주허후 유장劉章, 동모후東牟侯 유흥거劉興居, 전객典客 유게劉揭 등이 모두 재배를 올리며 말했다.

"아들 홍弘 등은[4] 모두 효혜제孝惠帝의 아들이 아니니 종묘를 받드는 것이 부당합니다. 신 등은 삼가 음안후陰安侯와[5] 열후列侯,[6] 경왕후頃王后와[7] 낭야왕 및 종실, 대신, 열후, 2,000석 이상의 관리들과 함께 '대왕은 고제高帝의 살아계신 장자長子시니[8] 마땅히 고제의 후사가 되어야 한다.'고 의논했습니다. 원컨대 대왕께서는 천자의 자리에 오르십시오."

遂馳入代邸 羣臣從至 丞相陳平 太尉周勃 大將軍陳武[1] 御史大夫 張蒼[2] 宗正[3]劉郢 朱虛侯劉章 東牟侯劉興居 典客劉揭皆再拜言曰 子弘等[4]皆非孝惠帝子 不當奉宗廟 臣謹請(與)陰安侯[5]列侯[6]頃王后[7]與瑯邪王 宗室 大臣 列侯 吏二千石議曰 大王高帝長子[8] 宜爲高帝嗣 願大王卽天子位

---

① 陳武진무

진무(?~서기전 163년)는 전한 초의 무장 시무柴武의 다른 이름이다. 설군(지금의 산동성 조장시 설성구) 사람이다. 영領과 설읍薛邑에서 1,500인을 거느리고 군사를 일으켜 진나라에 반기를 들었다. 그 후 유방에게 귀의하여 극포후棘蒲侯에 봉해졌고, 시호는 강강이다. 조선 정조 때 정약용이 임금의 명을 받아《사기영선史記英選》을 찬주하면서 이성중에게 보낸 편지에서 "포장군蒲將軍이 시무柴武임은 주자朱子의 문인인 오인걸吳仁傑이 지은《양한간오보유兩漢刊誤補遺》에 나오는데 이번에 〈공신연표功臣年表〉를 살펴보니 믿을 만한 증거가 있다. 시무는 곧 진무陳武다."라고 하여 시무가 곧 포장군 임을 확신했다.

② 張蒼장창

장창(서기전 253년~서기전 151년)은 중국 진나라, 전한의 유학자, 음양가며 관료로 양무陽武 사람이다. 한고제의 개국공신으로 북평문후에 봉해졌으며 승상을 역임했다.《구장산술九章算術》편집에 관여했다.

③ 宗正종정

《한서》〈백관표百官表〉에는 "종정宗正은 진秦나라의 관직이다." 라고 했다. 응소는 "주성왕周成王 때 동백彤伯이 들어와 종정宗正이 되었다."고 했다.
【集解】 漢書百官表曰 宗正 秦官 應劭曰 周成王時 彤伯入爲宗正

④ 子弘等자홍등

혜제의 아들인 소제少帝 유홍劉弘과 유공劉恭이다. 혜제가 후궁에서 난 아들들로서 여태후는 각각 4년씩 재위에 있게 했는데, 이들의 혈통을 부인한 것이다.

⑤ 陰安侯음안후

집해 소림은 "고제高帝 백형伯兄의 아내인 갱힐후羹頡侯이다. 신信의 어머니이고 큰형수[丘嫂]이다."라고 했다.
【集解】 蘇林曰 高帝兄伯妻羹頡侯信母 丘嫂也

⑥ 列侯열후

중정中正은 "《한서漢書》에는 '열후列侯' 두 글자가 없다. 이것은 의연疑衍이다."라고 했다.

⑦ 頃王后경왕후

집해 서광은 "대代의 경왕頃王 유중劉仲의 아내이다."라고 했다. 배인이 상고해보니 소림은 "유중의 아들 유비劉濞가 오왕吳王이 되었다. 그래서 경왕頃王이라고 추시追諡했다."라고 했다. 여순은 "경왕후는 음안후陰安侯에 봉해졌는데 당시 여수呂嬃가 임광후林光侯가 되고 소하蕭

何의 부인이 또한 찬후鄼侯가 되었다."라고 했다. 또 〈종실표宗室表〉에는
이때에는 음안陰安이 없었으니 그가 경왕후가 된 것을 알 수 있다.

【集解】 徐廣曰 代頃王劉仲之妻 駰按 蘇林曰 仲子濞爲吳王 故追諡頃王
也 如淳曰 頃王后封陰安侯 時呂嬃爲林光侯 蕭何夫人亦爲鄼侯 又宗室表
此時無陰安 知其爲頃王后也

색은 상고해보니 소림, 서광, 위소는 두 사람의 봉호封號로 여겼고,
악산樂産은 여순의 말을 인용해 경왕후를 따로 음안후에 봉한 것으로
여겼으니 한사령漢祠令과 서로 일치한다. 지금 음안陰安을 다른 사람의
봉작封爵이라고 하는 것은 잘못이다. 경왕후는 곧 대왕후代王后로서 문
제文帝의 백모伯母이다. 대왕이 항복해서 합양후郃陽侯가 되었다. 그래
서 '열후 경왕후列侯頃王后'라고 했다. 위소는 "음안陰安은 위군魏郡에
속한다."고 했다.

【索隱】 按 蘇林 徐廣 韋昭以爲二人封號 而樂産引如淳 以頃王后別封陰
安侯 與漢祠令相會 今以陰安是別人封爵 非也 頃王后是代王后 文帝之伯
母 代王降爲郃陽侯 故云 列侯頃王后 韋昭曰 陰安屬魏郡也

⑧ 大王高帝長子대왕고제장자

신주 이 때 한고조 유방劉邦의 자식 중 생존하고 있는 두 자식이 있
었다. 대왕代王 유항劉恒과 회남왕淮南王 유장劉長인데, 유항이 형이었
기 때문에 그를 장자라고 한 것이다.

대왕이 말했다.

"고제의 종묘를 받드는 일은 중대한 일이오. 과인은 재주가 없어서 종묘를 받드는 것이 부족합니다. 원컨대 초나라 왕을① 청해서 마땅한 자를 의논하시오. 과인은 감당할 수 없습니다."

모든 신하들이 다 엎드려 굳게 청했다. 대왕이 서쪽을 향해서 세 번 사양하고, 남쪽을 향해서 두 번 사양했다.②

代王曰 奉高帝宗廟 重事也 寡人不佞 不足以稱宗廟 願請楚王①計宜者 寡人不敢當 羣臣皆伏固請 代王西鄉讓者三 南鄉讓者再②

① 楚王초왕

집해 소림은 "초왕楚王의 이름은 교交로서 고제高帝의 아우이다."라고 했다.

【集解】 蘇林曰 楚王名交 高帝弟

색은 초왕 교交는 고제高帝의 아우로서 가장 높았다. 다시 초왕楚王을 청해 마땅한 것을 헤아리라고 했기에 아래에서는 '모두 마땅하다.'라고 말했다.

【索隱】 楚王交 高帝弟 最尊 言更請楚王計宜者 故下云 皆爲宜也

② 讓者再양자재

여순은 "여러 신하에게 사양했다. 어떤 이는 빈객과 주인은 동쪽과 서쪽에 자리 잡고 군주와 신하는 남쪽과 북쪽에 자리 잡는다. 그래서 서쪽을 향해 앉아서 세 번 사양했는데 받지 않고 여러 신하들이 오히려 받는 것이 마땅하다고 일컬었다. 이에 다시 돌아앉아서 변하는 것을 보였는데, 군주의 자리로 점차 나아간 것이다."라고 했다.

【集解】 如淳曰 讓羣臣也 或曰賓主位東西面 君臣位南北面 故西向坐 三讓不受 羣臣猶稱宜 乃更迴坐示變 卽君位之漸也

승상 진평 등이 모두 말했다.

"신 등이 엎드려 생각해 보건대 대왕께서 고제의 종묘를 받드는 것이 가장 적합합니다.[①] 천하의 제후들이나 만민萬民도 마땅하다고 생각할 것입니다. 신 등은 종묘사직을 위해 계획했기 때문에 감히 소홀히[②] 하지 않았습니다. 원컨대 대왕께서는 신 등의 청을 들어주십시오. 신들이 삼가 천자의 옥새와 부절을 받들어 재배하고 올립니다."

대왕이 말했다.

"종실의 장군·재상·왕·열후들이 과인보다 마땅한 자가 없다고 여긴다니 과인이 감히 사양할 수가 없게 되었소."

마침내 천자의 자리로 나아갔다.[③]

丞相平等皆曰 臣伏計之 大王奉高帝宗廟最宜稱[①] 雖天下諸侯萬民以爲宜 臣等爲宗廟社稷計 不敢忽[②] 願大王幸聽臣等 臣謹奉天子璽符再拜上 代王曰 宗室將相王列侯以爲莫宜寡人 寡人不敢辭 遂即天子位[③]

① 大王奉高帝宗廟最宜稱대왕봉고제종묘최의칭

신주 《신역사기》에 "상고해보니 '의宜'와 '칭稱' 두 글자는 같은 뜻으로 그 중 하나를 삭제해야 할 것 같다."고 했다.

④ 忽홀

모든 신하들이 예법에 따라 차례로 모셨다. 이에 태복 관영과 동모후 유흥거를 시켜 궁중 안을 깨끗하게 히고[1] 천자의 법가法駕를[2] 받들어 대왕의 관저에서 영접했다. 황제는 그날 저녁에 미앙궁未央宮으로 들어갔다. 밤에 송창宋昌을 위장군衛將軍으로 제수해서 남군과 북군을 관할하게 했다. 장무張武를 낭중령郎中令으로 삼아서 궁전 안을 순행하게 했다. 돌아와 전전前殿에[3] 앉았다. 이에 밤중에 조서를 내려서 말했다.

"얼마 전[4] 여러 여씨들이 정권을 장악하고 권력을 멋대로 휘두르며 대역大逆을 도모해서 유씨의 종묘를 위태롭게 하려 했는데 장군·재상·열후·종실·대신들에 힘입어 이들을 주살해서 모두 그 죄에 굴복했다. 짐이 즉위한 처음으로 천하에 사면령을 반포하며, 백성에게는 한 등급의 작위를 내리고 여자들에게는 100호를 단위로 소와 술을 내리니[5] 5일 동안 즐기면서 노는 것을 허락하노라."[6]

羣臣以禮次侍 乃使太僕嬰與東牟侯興居淸宮[1] 奉天子法駕[2] 迎于代邸 皇帝卽日夕入未央宮 乃夜拜宋昌爲衛將軍 鎭撫南北軍 以張武爲郎中令 行殿中 還坐前殿[3] 於是夜下詔書曰 閒者[4] 諸呂用事擅權 謀爲大逆 欲以危劉氏宗廟 賴將相列侯宗室大臣誅之 皆伏其辜 朕初卽位 其赦天下 賜民爵一級 女子百戶牛酒[5] 酺五日[6]

① 遂卽天子位수즉천자위

청나라의 곽숭도郭嵩燾(1818~1891)는 "이 '즉천자위卽天子位'는 천자의 부새符璽와 군신들의 무도배하舞蹈拜賀를 받았을 뿐이다. 그러므로 이듬해에 특별히 '황제즉조皇帝卽阼(황제가 보위에 오름)의 글을 지었다."고 했다.

② 淸宮청궁

응소는 "구전舊典에는 천자 행행行幸하는 곳은 반드시 정궁靜宮을 보내서 영승을 내려 먼저 전중殿中을 깨끗하고 정숙하게 하여 비상非常한 일을 염려하는 것이다."라고 했다.
【集解】 應劭曰 舊典 天子行幸所至 必遣靜宮令先案行淸靜殿中 以虞非常

상고해보니 《한의漢儀》에는 "황제皇帝가 기거하려면 건물室을 깨끗이 하고 궁을 깨끗이 하게 한 뒤에 간다."고 했다.
【索隱】 按 漢儀云 皇帝起居 索室淸宮而後行

③ 法駕법가

《한관의漢官儀》에는 "천자天子의 노부鹵簿(거동할 때의 장부)에는 대가大駕와 법가法駕가 있다. 대가大駕는 공경公卿이 받들어 인도하고 대장군大將軍이 참승參乘하는데 속거屬車는 81승乘이다. 법가法駕는 공경公卿이 노부 안에 들어 있지 않아서 오직 경조윤京兆尹, 집금오執金吾, 장안령長安令이 받들고 인도하는데 시중侍中이 참승하며 속거는 36승이다."라고 했다.

【索隱】 漢官儀云 天子鹵簿有大駕 法駕 大駕公卿奉引 大將軍參乘 屬車八十一乘 法駕公卿不在鹵簿中 惟京兆尹 執金吾 長安令奉引 侍中參乘 屬車三十六乘也

④ 前殿전전

신주 정전正殿, 즉 나라의 정무를 수행하는 궁전을 말한다.

⑤ 閒者간자

신주 지난 것이 오래되지 않음을 나타내는 말이다. 즉 '얼마 전에'라는 뜻이다.

⑥ 賜民爵一級女子百戶牛酒사민작일급여자백호우주

집해 소림은 "남자에게는 작爵을 하사하고 여자에게는 소와 술을 하사했다."라고 했다.

【集解】 蘇林曰 男賜爵 女子賜牛酒

색은 상고해보니 《봉선서封禪書》에는 "100호戶에 소 한 마리, 술 열

섬이다."라고 했다. 악산樂産은 "부인婦人 중에 남편이 없고 혹은 자식이 없는 자는 작위를 베풀지 못한다. 그래서 하사하는 것이다."라고 했다.

【索隱】 按 封禪書云 百戶牛一頭 酒十石 樂産云 婦人無夫或無子不霑爵 故賜之也

⑦ 酺五日포오일

집해 문영은 《한율漢律》에는 3인 이상 까닭 없이 무리가 모여 마시면 돈 4냥을 벌금으로 낸다. 지금 조서를 내려 모여서 5일 동안을 술을 마시는 것을 마음대로 할 수 있게 한 것이다."라고 했다.

【集解】 文穎曰 漢律 三人已上無故羣飲 罰金四兩 今詔橫賜得令會聚飮食 五日

색은 《설문》에는 "포酺는 왕자王者가 덕을 베풀어 크게 술을 마시게 하는 것이다."라고 했다. 돈을 내는 것을 거양(추렴)라고 하고 먹을 것을 내는 것을 포酺라고 한다. 또 상고해보니 조무령왕趙武靈王이 중산中山을 멸망시키고 5일 동안 술을 마시게 했는데 이것이 그 기인한 바이다.

【索隱】 說文云 酺 王者布德 大飲酒也 出錢爲釀 出食爲酺 又按 趙武靈王 滅中山 酺五日 是其所起也

효문황제 원년 10월 경술庚戌일에 낭야왕 유택劉澤을 연왕燕王으로 옮겨 세웠다. 신해辛亥일에 황제가 즉위하고[1] 고묘高廟를 배알했다. 우승상 진평을 좌승상으로[2] 옮겨 삼고, 태위 주발을 우승상으로 삼고, 대장군 관영灌嬰을 태위로 삼았다. 여러 여씨들이 빼앗았던 제齊와 초楚의 옛 땅들을 모두 다시 본래대로 돌려주었다.[3]

孝文皇帝元年十月庚戌 徙立故琅邪王澤爲燕王 辛亥 皇帝卽阼[1] 謁高廟 右丞相平徙爲左丞相[2] 太尉勃爲右丞相 大將軍灌嬰爲太尉 諸呂所奪齊楚故地 皆復與之[3]

① 阼조

[정의] 주인의 계단이다.

【正義】 主人階也

② 左丞相좌승상

[정의] 당시에는 우右를 높였다.

【正義】 此時尚右

[신주] 문관은 좌左가 높은 것이지만 한고조는 무武에서 출발했기에

우右를 높인 것이다.

③ 諸呂所奪齊楚故地皆復與之제여소탈제초고지개부여지

신주　효혜제의 형인 유비劉肥를 제나라 왕에 봉했다가 서기전 189년 그가 죽자 서기전 188년에 그의 큰아들 유양이 제왕에 올랐는데, 여후가 집권하고 제나라를 제국齊國·여국呂國·낭야국琅邪國·성양군成陽郡으로 나누어서 그를 제국齊國에 봉했다. 또한 한 고제의 아우 유교劉交를 초나라에 봉해 초왕으로 삼았는데, 주허후 유장·유양과 함께 여씨를 주멸하는데 힘썼다. 문제가 황제에 즉위하면서 제나라 왕 유양과 초나라 왕 유교에게 다시 땅을 봉했다. 이때가 서기전 180년이었다.

임자壬子일에 거기장군車騎將軍 박소薄昭를 보내 황태후를[①] 대代에서 맞이하게 했다. 황제가 말했다.

"여산呂産은 스스로 상국相國이 되고 여록呂祿은 상장군이 되어서 멋대로 황제의 명이라고 꾸며 관영 장군에게 군사를 거느리고 제나라를 공격하게 해서 유씨를 내신하려 했다. 그러나 관영은 형양에 머물러 공격하지 않고 제후들과 함께 계책을 세워 여씨들을 처단하고자 했다. 여산이 착하지 않은 일을 만들고자 했으나 승상 진평, 태위 주발과 모의해 여산 등의 군권을 빼앗았다. 주허후 유장은 제일 먼저 여산 등을 체포했고, 태위는 몸소 양평후襄平侯 기통紀通을[②] 거느리고 부절을 가지고 조서를 받들어 북군으로 들어갔다. 전객典客 유게劉揭는 자신이 직접 조왕 여록의 인수를 빼앗았다. 이에 태위 주발에게는 1만 호를 더 봉하고 황금 5,000근을 내린다. 승상 진평과 관영장군에게는 각각 식읍 3,000호와 황금 2,000근을 내린다. 주허후 유장과 양평후 기통과 동모후 유흥거에게는 각각 식읍 2,000호와 황금 1,000근을[③] 내린다. 전객 유게를 양신후陽信侯로[④] 봉하고 황금 1,000근을 내린다."

壬子 遣車騎將軍薄昭迎皇太后[①]于代 皇帝曰 呂産自置爲相國 呂祿爲上將軍 擅矯遣灌將軍嬰將兵擊齊 欲代劉氏 嬰留榮陽弗擊 與諸侯合謀以誅呂氏 呂産欲爲不善 丞相陳平與太尉周勃謀奪呂産等軍 朱虛侯劉章首先捕呂産等 太尉身率襄平侯通[②]持節承詔入北軍 典客劉揭身奪趙王呂祿印 益封太尉勃萬戶 賜金五千斤 丞相陳平 灌將軍嬰邑各三千戶 金二千斤 朱虛侯劉章 襄平侯通 東牟侯劉興居 邑各二千戶 金千斤[③] 封典客揭爲陽信侯[④] 賜金千斤

① 皇太后황태후

신주 효문황제의 어머니 박薄씨를 가리킨다.

② 襄平侯紀通양평후기통

신주 기성紀成(기신)의 아들이다. 기성은 한고조 유방을 따라 종군하다가 진중에서 죽었다. 그 공로로 그의 아들 기통이 양평후에 봉해졌다. 양평후는 열후 중 현후縣侯에 속하는데 유주幽州 요동군遼東郡에 있다.

③ 金千斤금천근

집해 서광은 "11월 신축일辛丑日이다."라고 했다.

【集解】 徐廣曰 十一月辛丑

④ 陽信侯양신후

색은 위소韋昭는 발해현勃海縣이라고 말했다.

【索隱】 韋昭云勃海縣

정의 《괄지지》에는 "양신陽信의 고성古城은 창주滄州 무체현無棣縣 동남쪽 30리에 있는데 한漢나라 양신현陽信縣이다."라고 했다.

【正義】 括地志云 陽信故城在滄州無棣縣東南三十里 漢陽信縣

12월 황제가 말했다.

"법이란 다스림의 정곡으로서[1] 포악한 것을 금지케 하여 사람을 선으로 인도하는 것이다. 지금 법을 범해서 벌써 논죄했음에도 또 부모와 처자와 형제를 연좌시켜[2] 없는 죄를 받게 하고 아들까지 거두게 하는 것을[3] 짐은 참으로 취하고 싶지 않도다. 이를 의논해 보라."

관리들이 모두 말했다.

"백성들은 스스로 다스릴 수 없습니다. 그래서 법을 만들어 금지하는 것입니다. 서로 연좌시켜서 잡아들이는 것은 그 마음에 연루되게 해서 범법犯法을 무겁게 여기게 하려는 것으로써 내려온 지 오래입니다. 옛날처럼 하는 것이 편리합니다."

十二月 上曰 法者 治之正[1]也 所以禁暴而率善人也 今犯法已論 而使毋罪之父母妻子同產坐[2]之 及爲收帑[3] 朕甚不取 其議之 有司皆曰 民不能自治 故爲法以禁之 相坐坐收 所以累其心 使重犯法 所從來遠矣 如故便

① 正정

신주 농천瀧川은 "정곡正鵠(과녁)의 정正이다."고 했다.

② 좌坐

신주 '연좌連坐하다'의 뜻이다. 연좌連坐란 범죄자와 일정한 친족관계가 있는 자에게 연대적으로 그 범죄의 형사적인 책임을 지게 하는 형법제도를 말한다.

③ 帑노

집해 응소는 "노帑는 자子이다. 진秦나라 법에는 1명이 죄가 있으면 아울러 그의 집안까지 연좌시켰다. 지금은 이 율律을 없앴다."라고 했다.
【集解】 應劭曰 帑 子也 秦法一人有罪 并坐其家室 今除此律

상이 말했다.

"짐이 듣자니 법이 바르면 백성이 순박해지고 죄를 합당하게 처벌하면 백성이 따른다고 했다. 무릇 백성을 기를 때 착함으로 인도하는 자가 관리이다. 그들은 이미 능히 인도하지도 않았고 또 바르지 못한 법으로 죄를 주었으니 이는 도리어 백성을 해치고 포악 짓을 한 것이다.[1] 무엇으로 금지시키겠는가? 짐은 연좌제의 편리함을 보지 못했으니 그 누구든지 잘 헤아려 보아라."

유사有司(담당 관리)들이 모두 말했다.

"폐하께서는 큰 은혜를 베풀어 덕이 매우 성대하시니 신 등이 미칠 만한 것이 아닙니다. 청컨대 조서를 받들어 아들을 잡고 서로 연좌시키는[2] 율령을 폐지하겠습니다."

上曰 朕聞法正則民慤 罪當則民從 且夫牧民而導之善者 吏也 其既不能導 又以不正之法罪之 是反害於民爲暴者也[1] 何以禁之 朕未見其便 其孰計之 有司皆曰 陛下加大惠 德甚盛 非臣等所及也 請奉詔書 除收帑[2]諸相坐律令

① 以不正之法罪之是反害於民爲暴者也이부정지법죄지시반해어민위폭자야

신주 《맹자》〈등문공상滕文公上〉에 "백성들을 죄에 빠지게 한 후에 그들에게 형벌을 가한다면 백성들을 그물질하는 것이다."라고 했다. 효문제도 이렇게 될 것을 염려하고 있는 것이다.

② 收帑수노

신주 진秦나라 때 시작된 것으로 집안의 가장이 죄를 짓게 되면 연좌連坐法하여 처자는 물론 부모 형제까지 죄를 지우는 형벌을 말한다.

정월에 말했다.

"일찍 태자를 세우는 것은 종묘를 높이 받들려는 이유입니다. 태자 세우기를 청합니다."

상이 대답했다.

"짐이 원래 부덕해 상제上帝와 신명神明께 흠향하지 못하고 천하 인민은 만족하다는 생각을① 못하고 있다. 지금 비록 천하의 덕 있는 현인이나 성인을 널리 구해서 천하를 물려주지는 못할망정 미리 태자를 세우는 것은 나의 부덕을 더하는 것이다. 천하에 무어라고 말한단 말인가? 서서히 하라."②

유사有司들이 말했다.

"미리 태자를 세우는 것은 종묘와 사직을 중하게 여기는 것이고 천하를 잊지 않는 것이기도 합니다."

正月 有司言曰 蚤建太子 所以尊宗廟 請立太子 上曰 朕旣不德 上帝神明未歆享 天下人民未有嗛志① 今縱不能博求天下賢聖有德之人而禪天下焉 而曰豫建太子 是重吾不德也 謂天下何 其安之② 有司曰 豫建太子 所以重宗廟社稷 不忘天下也

① 嗛志겸지

상고해보니 겸嗛은 '만족하지 못하다'는 뜻이다. 만족한다는 뜻이 있지 않은 것은 천하 모두의 뜻이 만족하지 않다는 것을 말한 것이다. 《한서》에는 '협지慁志'로 되어 있는데 '편안하다[安]'는 뜻이다.
【索隱】 按 嗛者 不滿之意也 未有嗛志 言天下皆志不滿也 漢書作 慁志
安也

② 謂天下何其安之위천하하기안지

무엇으로 천하에 이를 것인가를 말한 것이다. 기其는 발성發聲이다. 안安은 '천천히'라는 뜻이다. 천천히 또 기다리라고 말한 것이다.
【索隱】 言何以謂於天下也 其 發聲也 安者 徐也 言徐徐且待也

상이 말했다.

"초왕楚王은 짐의 계부季父이시다.[①] 연세도 높으시고[②] 천하의 의리義理를 많이 경험하신 분으로 국가의 대체大體에 밝으시다. 오왕吳王은 짐의 형이시다.[③] 은혜롭고 어질며 덕을 좋아한다. 회남왕은 아우인데[④] 덕을 가지고 짐을 보좌하고[⑤] 있다. 어찌 예상하지 않았다고 하겠는가? 제후왕과 종실의 형제들과 공신들이 있고 현명하고 덕의가 있는 자가 많으니, 만약 덕이 있는 자를 뽑아 짐이 마치지 못한 사업을 수행하게 한다면 사직의 정기精氣이고 천하의 복일 것이다. 지금 그러한 자들을 선택하지 않고 반드시 아들로 태자를 세우겠다고 한다면 사람들은 짐이 어질고 덕이 있는 자를 잊고 오직 자식만을 생각한다고 여길 것이니 천하의 걱정거리가 되지 않겠는가? 짐은 참으로 취하고 싶지가 않다."

上曰 楚王 季父也[①] 春秋高 閱[②]天下之義理多矣 明於國家之大體 吳王於朕 兄也[③] 惠仁以好德 淮南王 弟也[④] 秉德以陪[⑤]朕 豈爲不豫哉 諸侯王宗室昆弟有功臣 多賢及有德義者 若擧有德以陪朕之不能終 是社稷之靈 天下之福也 今不選擧焉 而曰必子 人其以朕爲忘賢有德者而專於子 非所以憂天下也 朕甚不取也

① 楚王季父也초왕계부야

신주　한고제의 아우 유교劉交를 가리킨다.

② 閱열

집해　여순은 "열閱은 경력이 많은 것과 같다."라고 말한 것이다.
【集解】　如淳曰 閱 猶言多所更歷也

③ 吳王於朕兄也오왕어짐형야

신주　한문제의 큰형 유비劉濞를 가리킨다. 어머니는 조씨曹氏이다.

④ 淮南王弟也회남왕제야

신주　유장劉長을 가리킨다. 한고제의 일곱째 아들로 어머니는 조희趙姬이다.

⑤ 陪배

집해　문영은 "배陪는 보좌하는 것이다."라고 했다.
【集解】　文穎曰 陪 輔也

유사가 모두 진정으로 청하면서 말했다.

"옛날 은殷나라와 주周나라가 나라를 소유하고 안정되게 다스린 것이 모두 1,000여 년이었습니다. 옛날에 천하를 소유한 자가 이보다 길었던 것이 없었던 것은 이 방법을 사용했기 때문입니다.[1] 후사를 세우는데 반드시 자식으로 하는 것은 유래된 바가 오래 되었습니다. 고제高帝께서는 친히 사대부들을 인솔하시고 비로소 천하를 평정하시고 제후들을 세워 황제로서 태조太祖가 되셨습니다. 제후왕과 열후들이 처음으로 나라를 받아 모두 또한 그 나라의 시조가 되었습니다. 자손들이 후사를 계승해 대대로 끊어지지 않은 것이 천하의 대의大義입니다. 그래서 고제께서 법도를 설치해[2] 온 천하를 어루만지셨습니다. 지금 마땅히 세워야 할 이를 버리고 제후나 종실에서 다시 선발한다면 고제의 뜻이 아닐 것입니다. 다시 의논하는 것은 마땅하지 않습니다.[3] 아들 아무개가[4] 가장 나이가 많고, 순박하고 두텁고 자비롭고 인자하니 태자로 세우기를 청합니다."

상이 이에 허락하고 천하의 백성으로 마땅히 아버지의 뒤를 이을 자에게도 각각 1급씩 작위를 내렸다.[5] 장군 박소薄昭를 지후軹侯로 봉했다.[6]

有司皆固請曰 古者殷周有國 治安皆千餘歲 古之有天下者莫長焉 用此道也[1] 立嗣必子 所從來遠矣 高帝親率士大夫 始平天下 建諸侯 爲帝者太祖 諸侯王及列侯始受國者皆亦爲其國祖 子孫繼嗣 世世弗絕 天下之大義也 故高帝設之[2]以撫海內 今釋宜建而更選於諸侯及宗室 非高帝之志也 更議不宜[3] 子某[4]最長 純厚慈仁 請建以爲太子 上乃許之 因賜天下民當代父後者爵各一級[5] 封將軍薄昭爲軹侯[6]

① 天下者莫長焉用此道也천하자막장언용차도야

색은　옛날에 천하를 가진 자가 자식을 세운 것보다 길었던 것이 없다고 말한 것이다. 그래서 '막장언莫長焉'(긴 것이 없다)이라고 한 것이다. 이 도를 썼다는 것은 은殷과 주周나라가 자식을 세우는 도를 사용했다는 것이다. 그래서 편안하게 다스리기를 1,000여 년이었다.

【索隱】　言古之有天下者 無長於立子 故云 莫長焉 用此道者 用殷周立子之道 故安治千有餘歲也

② 設之설지

신주　자손들이 대대로 제위를 잇는 법도를 마련했다는 뜻이다.

③ 更議不宜갱의불의

색은　다시 따로 의논하는 것이 마땅하지 않다고 말한 것이다.

【索隱】　言不宜更別議也

④ 子某자모

신주　한문제의 장자 유계劉啓를 가리킨다. 한문제를 이어 한나라 6대 황제가 되었다. 묘호廟號가 효 경제孝景帝로 어머니는 두태후竇太后이다.

⑤ 當代父後者爵各一級당대부후자작각일급

위소는 "문제文帝는 자식을 세워서 후사로 삼고는 그 복을 혼자 누리려고 하지 않았다. 그래서 천하에서 아버지의 후계자가 되는 자에게 작위 1급을 하사한 것이다."라고 했다.

【集解】 韋昭曰 文帝以立子爲後 不欲獨饗其福 故賜天下爲父後者爵

⑥ 薄昭爲軹侯박소위지후

집해 서광은 "정월正月 을사일乙巳日이다."라고 했다.

【集解】 徐廣曰 正月乙巳也

3월 유사에서 황후 세우기를 청했다. 박태후가[1] 말했다.

"제후들이 모두 같은 어머니에게 태어났으니[2] 태자의 어머니를 황후로 세웁시다."

황후의 성씨는 두씨竇氏였다.[3] 황제가 황후를 세운 관례에 따라 천하의 홀아비, 과부, 고아, 늙어 자식이 없는 자, 곤궁한 자, 나이가 80세 이상이거나 9세 이하 고아에게 베와 비단, 쌀, 고기를 차등 있게 하사했다. 상(효문제)이 대代나라에서 와서 즉위한 처음부터 덕과 은혜를 천하에 베풀고 제후들과 사방의 이족夷族들을 진정시키니 모두 흡족해 하며 기뻐했고 곧바로 대나라로부터 따라온 공신들도 위로했다.

三月 有司請立皇后 薄太后[1]曰 諸侯皆同姓[2] 立太子母爲皇后 皇后姓竇氏[3] 上爲立后故 賜天下鰥寡孤獨窮困及年八十已上孤兒九歲已下布帛米肉各有數 上從代來 初卽位 施德惠天下 塡撫諸侯四夷皆洽驩 乃循從代來功臣

① 薄太后박태후

신주 한고제의 후비后妃로 효문제孝文帝의 어머니이며 효경제孝景帝의 할머니가 된다.

② 同姓동성

색은 제帝의 아들로 제후왕이 된 자가 모두 동성同姓임을 이른 것이다. 성姓은 생生이다. 모두 같은 어머니에게서 태어났기 때문에 태자의 어머니를 세워야 한다고 말한 것이다.

【索隱】 謂帝之子爲諸侯王 皆同姓 姓 生也 言皆同母生 故立太子母也

③ 皇后姓竇氏황후성두씨

신주 두황후(?~서기전 135년)를 가리킨다. 성은 두竇, 이름은 의방漪房이다. 그는 한나라 궁녀로 입궁하여 여태후를 섬겼는데, 후에 궁녀들을 내보내 대代나라로 가게 되었다. 대나라로 오자마자 유항(효문제)에게 눈에 들었고 총애를 받아 두 딸과 두 아들을 낳았다. 효경제의 어머니로 노년에 황로사상을 숭상한 것으로도 유명하다.

상이 말했다.

"대신들이 여러 여씨들을 죽이고 막 짐을 영접할 때도 짐이 의심했고, 모두가 짐을 말렸지만 오직 중위中尉 송창宋昌이 짐에게 권해서 짐이 종묘를 받들어 보전하게 되었다. 송창을 이미 높여서 위장군衛將軍으로 삼았지만 송창을 봉하여 장무후壯武侯로 삼겠다.① 나머지 짐을 따른 여섯 명은 관직으로 모두 구경九卿의② 벼슬을 내리겠다."

上曰 方大臣之誅諸呂迎朕 朕狐疑 皆止朕 唯中尉宋昌勸朕 朕以得保奉宗廟 已尊昌爲衛將軍 其封昌爲壯武侯① 諸從朕六人 官皆至九卿②

① 昌爲壯武侯창위장무후

집해   서광은 "4월 신해일에 봉했고 봉한 지 34년 후인 경제景帝 중원中元 4년에 후작을 박탈당하고 국가도 없어졌다."고 했다.
【集解】 徐廣曰 四月辛亥封 封三十四年 景帝中四年奪侯 國除

색은   위소는 "교동현膠東縣이다."라고 했다.
【索隱】 韋昭云膠東縣

정의   《괄지지》에는 "장무壯武의 고성故城은 내주萊州 즉묵현卽墨縣

46리에 있는데 옛 내이국萊夷國에 한나라 장무현壯武縣 고성故城이 있음을 이른 것이다.

【正義】 括地志云 壯武故城在萊州卽墨縣西六十里 古萊夷國 有漢壯武縣故城

② 九卿구경

정의 한漢나라에서 구경九卿을 설치했다. 첫째 태상太常, 둘째 광록光祿, 셋째 위위衛尉, 넷째 태복太僕, 다섯째 정위廷尉, 여섯째 대홍려大鴻臚, 일곱째 종정宗正, 여덟째 대사농大司農, 아홉째 소부少府이다. 이를 구경九卿이라 한다.

【正義】 漢置九卿 一曰太常 二曰光祿 三曰衛尉 四曰太僕 五曰廷尉 六曰大鴻臚 七曰宗正 八曰大司農 九曰少府 是爲九卿也

상이 말했다.

"열후列侯로서 고제를 따라 촉蜀과 한중漢中으로 들어간 자들은 68명인데 모두에게 각각 300호씩 더해서 봉하고 예전 2,000석 이상을 받은 관리 중 고제를 따른 영천潁川태수 존尊 등 열 명은 식읍으로 600호, 회양태수 신도가申徒嘉① 등 열 명은 식읍으로 500호, 위위衛尉 정定 등 열 명은 식읍으로 400호를 더하여 봉하겠다. 또 회남왕淮南王의 외삼촌 조겸趙兼을 봉하여 주양후周陽侯로② 삼고 제왕齊王의 외삼촌 사균駟均을 봉하여 정곽후淸郭侯로③ 삼겠다."

가을에 옛 상산국常山國의 승상 채겸蔡兼을 봉하여 번후樊侯로④ 삼았다.

上曰 列侯從高帝入蜀 漢中者六十八人皆盆封各三百戶 故吏二千石以上從高帝潁川守尊等十人食邑六百戶 淮陽守申徒嘉①等十人五百戶 衛尉定等十人四百戶 封淮南王舅父趙兼爲周陽侯② 齊王舅父駟鈞爲淸郭侯③ 秋 封故常山丞相蔡兼爲樊侯④

① 申徒嘉신도가

신주　성은 신도申徒이고 이름은 가嘉이다. 한고조의 공신으로 효문제 때 승상이 되었다.

② 周陽侯주양후

정의 《괄지지》에는 "주양周陽의 고성古城은 강주絳州 문희현聞喜縣의
동쪽 29리에 있다."라고 했다.
【正義】 括地志云 周陽故城在絳州聞喜縣東二十九里

③ 淸郭侯정곽후

집해 여순은 "읍 이름이고 6국六國시대 제齊나라에 정곽후淸郭侯가
있었다. 淸은 '정靜'으로 발음한다."라고 했다.
【集解】 如淳曰 邑名 六國時齊有淸郭君 淸音靜

색은 〈표表〉를 상고해보니 사균駟鈞은 오후鄔侯에 봉해졌다. 같지
않은 것은 대개 뒤에 오鄔에 옮겨 봉했기 때문이다. 오鄔는 거록군鉅鹿
郡에 속해 있다.
【索隱】 按表 駟鈞封鄔侯 不同者 蓋後徙封於鄔 鄔屬鉅鹿郡

④ 樊侯번후

색은 위소는 "번樊은 동평東平의 현이다."라고 했다.
【索隱】 韋昭云 樊 東平之縣

정의 《괄지지》에는 "한漢의 번현樊縣의 성은 연주兗州 하구瑕丘의

서남쪽 25리에 있다. 〈지리지〉에는 번현은 옛날 번국樊國이고 중산보仲山甫를 봉한 곳이다."라고 했다.

【正義】 括地志云 漢樊縣城在兗州瑕丘西南二十五里 地理志云 樊縣古樊國 仲山甫所封

어떤 사람이 우승상 주발을 설득해서 말했다.

"군君께서 본래 여러 여씨들을 주살하고서 대왕을 영접했고, 지금은 또 그 공로를 자랑으로 여기면서 큰 상을 받고 높은 지위에 있지만 재앙이 장차 몸에 이를 것입니다."

그러자 우승상 주발이 병을 핑계대고 사직하니 좌승상 진평이 홀로 승상이 되었다.[①]

人或說右丞相曰 君本誅諸呂 迎代王 今又矜其功 受上賞 處尊位 禍且及身 右丞相勃乃謝病免罷 左丞相平專爲丞相[①]

---

① 平專爲丞相평전위승상

집해 서광은 "8월 중순이었다."라고 했다.

【集解】 徐廣曰 八月中

제북왕濟北王 유흥거劉興居가
반란을 일으키다

2년 10월 승상 진평이 죽자 다시 강후 주발이 승상이 되었다. 상이 말했다.

"짐이 들으니 옛날 제후들이 세운 나라가 천여 개나 되었어도 각자 자신들의 땅을 지키며 때에 맞춰 조공을 바쳤는데 백성들은 고생한다고 여기지 않았고, 위와 아래가 기뻐하면서 덕을 잊지 않았다고 한다.① 지금 열후列侯들 중 장안에 거주하는 이들이 많아 식읍과 거리가 멀어서 관리들이 물자를 수송하는데 비용이 많이 들고 열후들 또한 그의 백성들을 가르치지② 못하고 있다. 그 열후들로 하여금 봉국으로 돌아가게 할 것이며, 직책으로 장안에 머물러야 하는 관리와 조칙詔勅으로 머물러야 할 일이 있다면③ 태자를 파견하게 하라."

二年十月 丞相平卒 復以絳侯勃爲丞相 上曰 朕聞古者諸侯建國千餘(歲) 各守其地 以時入貢 民不勞苦 上下驩欣 靡有遺德① 今列侯多居長安 邑遠 吏卒給輸費苦 而列侯亦無由教馴②其民 其令列侯之國爲吏及詔所止者③ 遣太子

① 古者諸侯建國千餘~靡有遺德고자제후건국천여~미유유덕

신주　춘추시대(서기전 770~서기전 403)를 가리킨다. 춘추시대는 호경
鎬京이 융적戎狄에게 함락 당하고 유왕幽王이 살해당함으로써 평왕平王
이 왕위에 올라 낙읍洛邑으로 동천東遷하고 부터이다. 주나라 왕실의 세
가 약해지자 천여 개의 국가로 분열되었고, 또한 그들과의 세력다툼으
로 패권국이 생겨났다. 이때 주나라는 권위를 잃었지만 패권국의 제후
들이 회맹하여 주나라의 왕실에 매년마다 조회와 조공을 바치게 했고,
존왕양이尊王攘夷의 종주국宗主國으로 여겨 주 왕실을 존중했다.

② 馴순

정의　馴은 옛날의 '훈訓' 자이다.
【正義】　馴 古訓字

③ 爲吏及詔所止者위리급조소지자

집해　장안張晏은 "위리爲吏는 경卿과 대부大夫로서 관직을 겸직하는
자를 이른 것이다. 조소지詔所止는 특별히 은애恩愛로써 머무르게 된 자
이다."라고 했다.
【集解】　張晏曰 爲吏 謂以卿大夫爲兼官者 詔所止 特以恩愛見留者

11월 그믐에 일식이 있었다.[①] 12월 보름에 일식이 또 있었다.[②] 상(효문제)이 말했다.

"짐은 들었다. 하늘이 모든 백성을 낳고 군주를 두어서 기르고 다스리게 한다고 했다. 인주人主가 부덕하고 정사를 균등하지 않게 펴면 하늘은 재앙을 보여서 다스리지 못한 것을 경계하게 한다고 했다. 11월 그믐에 일식이 있는 것은 하늘에서 꾸짖을 조짐이 나타난 것이니 어떤 재앙이 이보다 크겠는가! 짐이 종묘를 보호하는 권한을 얻어서 미천한 몸으로 억조만민億兆萬民과 군왕君王의 윗자리를 맡았으니 천하가 잘 다스려 지는 것과 어지럽게 되는 것은 짐 한 사람에게 달려있기에 오직 정사에 참여하는 두셋은 나의 팔과 다리와 같은 것이다. 짐이 아래로는 능히 여러 백성들을 다스리지 못하고 위로는 삼광三光(해·달·별)의 밝음에 누를 입혔으니[③] 그 부덕함이 크다. 조령詔令이 이르면 짐의 과실로 생각하고 있는 것과 지혜와 견문과 생각이 미치지 못하는 모든 것을 짐에게 알려 주어라.[④] 또 현명賢明하고 방정方正하며 직언에 능하고 극간極諫하는 자들을 추천해 짐이 미치지 못하는 것들을 바로잡아 주길 바란다. 아울러 각각 맡은 직분을 삼가 수행하고 요역이나 지출을 힘써 살펴서 백성들을 편안하게 하시오. 짐은 이미 덕이 멀리까지 이르지 못해서 외인外人들의[⑤] 간비姦非함이 있을까 생각하면 불안해서 방비를 게을리 할 수 없다.[⑥] 지금 변방에 주둔하고 있는 군사를 철수할 수는 없지만 다시 군사를 정비하여 호위를 두텁게 하고, 위장군衛將軍의 군대를 해산하라.[⑦] 태복은 현재 필요한 말馬만을 남기고[⑧] 나머지 말들은 모두 역참에서[⑨] 사용할 수 있게 보내라."

十一月晦 日有食之^① 十二月望 日又食^② 上曰 朕聞之 天生蒸民 爲
之置君以養治之 人主不德 布政不均 則天示之以菑 以誡不治 乃
十一月晦 日有食之 適見于天 菑孰大焉 朕獲保宗廟 以微眇之身託
于兆民君王之上 天下治亂 在朕一人 唯二三執政猶吾股肱也 朕下
不能理育羣生 上以累三光之明^③ 其不德大矣 令至 其悉思朕之過失
及知見思之所不及 匃以告朕^④ 及擧賢良方正能直言極諫者 以匡朕
之不逮 因各飭其任職 務省繇費以便民 朕旣不能遠德 故憪然念外
人^⑤之有非^⑥ 是以設備未息 今縱不能罷邊屯戍 而又飭兵厚衛 其罷
衛將軍軍^⑦ 太僕見馬遺財足^⑧ 餘皆以給傳置^⑨

① 日有食之일유식지

정의 《설문說文》에 일식이 있으면 초하루朔이고 월식이 있으면 보름
望이다. 그러니 그믐에 일식이 있었다고 이른 것은 아마도 역曆의 착오
일 것이다.

【正義】 按 說文云 日蝕則朔 月蝕則望 而云晦日食之 恐曆錯誤

② 日又食일우식

집해 서광은 "이는 보름날에 또 일식이 있었다고 이른 것이다. 상고
해보니 《한서》및 〈오행지五行志〉에는 이런 일식에 대한 글이 없다. 다른

책에는 '월식月蝕'으로 되어 있지만 사서史書는 월식도 기록하지 않았다.

【集解】 徐廣曰 此云望日又食 按 漢書及五行志無此日食文也 一本作月食
然史書不紀月食

신주 《신역사기》에서 초횡焦竑은 "일日은 당연히 '월月'이 되어야 한
다. 대개 일식은 삭일朔日(초하루)에 이루어졌고 월식은 망일望日(보름)에
보였는데 그 때 그믐에 일식이, 또 보름에 월식이 나타나니 반달도 안
되어 재해가 두 번 발생했다. 그래서 보름에 조서를 내려 수신修身하고
반성反省하게 한 것이다."라고 했다.

③ 累三光之明누삼광지명

신주 '삼광三光'은 해와 달과 별을 말하며 '누累'는 어둡게 하였다는
의미이다. 따라서 일식日蝕, 월식月蝕을 가리키며, 여기서는 11월 그믐과
12월 보름에 나타났던 일식이 현명하지 못한 자신 때문이었음을 말하
는 것이다.

④ 旬以告朕개이고짐

신주 천재지변이 있을 때 임금이 하늘의 견책譴責으로 생각해서 각
지에 자신이 잘못하고 있는 정치에 대해 구언求言하라고 한다. 그래서
이 말은 백성들에게 구언을 요구하는 것이며 이에 응한 상소가 응지상
소應旨上疏로 어떤 내용이 담겨 있어도 처벌하지 않는 것이 관례이다.

⑤ 外人외인

신주 한족 외의 이민족을 뜻한다. 특히 당시 흉노족의 침입을 매우 경계했다. 효문제는 흉노의 침입을 막기 위해 서기전 174년 종실의 여자인 옹주를 공주라고 속여 노상선우老上單于(재위 서기전 174년~서기전 161년)에게 보내어 연척緣戚을 맺었고, 서기전 162년에 화친조약까지 맺었던 것에서 이를 짐작할 수 있다.

⑥ 憪然念外人之有非한연염외인지유비

집해 《한서음의》에 "한연憪然은 개연介然과 같은 것이다. 비非는 간비姦非이다."라고 했다.
【集解】 漢書音義曰 憪然猶介然也 非 姦非也

색은 소림은 "한憪은 병상에 누워 보는 것[寢視]으로 불안한 모습이다."라고 했으니 대개 그 뜻에 가깝다. 나머지의 말은 모두 생략한다. 한憪의 음音은 '한[下板反]'이다.
【索隱】 蘇林云 憪 寢視不安之貌 蓋近其意 餘說皆疏 憪音下板反

⑦ 罷衛將軍軍파위장군군

신주 《신역사기》에 청나라 곽숭도郭嵩燾는 "송창이 위장군 겸 남·북군을 통솔했는데, 당시 반드시 위장군의 군대를 더 늘려서 군막에 나누어 위군衛君을 주둔시켜 대비했던 것으로 의심된다. 조서에서 이른바 '칙병후위飭兵厚衛'가 이것이다. 이에 비로소 파산함에 이른 것이다."고 했다. 이에 의거해서 보면 이른바 '파罷'는 새로 늘린 군사를 파산시킨 것이지 위장군의 인솔부대를 파산한 것은 아닐 것이다.

⑧ 遺財足유재족

색은　遺는 '유留'와 같다. 재財는 고자古字에 '재纔(겨우)'와 같다. 태복太僕이 현재 있는 말 중에 남겨서 일에 겨우 채울 따름이라는 것이다.
【索隱】 遺猶留也 財 古字與纔同 言太僕見在之馬 今留纔足充事而已也

⑨ 傳置전치

색은　상고해보니 《광아廣雅》에는 "치置는 역驛이다."라고 했다. 《속한서續漢書》에는 "역마驛馬는 30리에 한 개씩 설치한다."라고 했다. 그래서 악산樂山은 또한 역참傳을 하나 둔다고 한 것이다. 승전乘傳이란 것은 전傳(역참의 한 부서)에서 차례로 이름을 받아서 승치자가 말의 짝에 맞춰 타게하는 것을 말한 것이다. 傳의 발음은 '전[丁戀反]'이다. 여순如淳은 "율律이 사마四馬(네 마리의 말)의 고족高足을 전치傳置로, 사마四馬의 중족中足을 치치馳置로, 사마四馬의 하족下足을 승치乘置로 삼는다. 일마一馬, 이마二馬를 초치軺置로 삼는 것은 치置에서 급한 자가 한 마리의 말을 타는 것을 '승乘'이라고 하는 것과 같다."라고 했다.
【索隱】 按 廣雅云 置 驛也 續漢書云 驛馬三十里一置 故樂產亦云 傳置一

也 言乘傳者以傳次受名 乘置者以馬取匹 傳音丁戀反 如淳云 律 四馬高足
爲傳置 四馬中足爲馳置 下足爲乘置 一馬二馬爲軺置 如置急者乘一馬曰
乘也

정월에 상이 말했다.

"농사는 천하의 근본이다. 그 적전籍田들을① 개간해 짐이 몸소
밭을 갈아 농사를 지어 종묘의 자성粢盛을② 공급할 것이다."

正月上曰農 天下之本 其開籍田① 朕親率耕 以給宗廟粢盛②

① 籍田적전

[집해] 응소는 "옛날 천자가 적전籍田 1,000무一千畝를 가는데 천하에
서 먼저 하는 것이다. 적籍이란 제왕이 친경親耕하는 법도이다."라고 했
다. 위소韋昭는 "적籍은 차借(빌리는 것)이다. 백성의 힘을 빌려서 다스리
고 종묘를 받들고 또 천하에 솔선하고 권해서 농사에 힘쓰게 하는 것이
다."라고 했다. 신찬은 "경제景帝가 조서를 내려 '짐朕이 친히 밭을 갈고
후后는 친히 양잠을 하는데 천하에서 먼저할 것이다.'라고 했다. 본래는
몸소 친히 하는 것으로 의義를 삼지 가차假借(빌리는 것)를 칭호로 삼을
수 없다. 적籍은 밟는 것이다."라고 했다.

【集解】 應劭曰 古者天子耕籍田千畝 爲天下先 籍者 帝王典籍之常 韋昭
曰 籍 借也 借民力以治之 以奉宗廟 且以勸率天下 使務農也 瓚曰 景帝詔曰

朕親耕 后親桑 爲天下先 本以躬親爲義 不得以假借爲稱也 籍 蹈籍也

② 粢盛자성

<u>집해</u>　응소는 "서직黍稷(기장과 피)을 자粢라고 하고 그릇에 담겨 있는 것을 성盛이라고 한다."라고 했다.

【集解】　應劭曰 黍稷曰粢 在器中曰盛

<u>신주</u>　《설문해자요해》에는 "자粢란 '직稷'의 혹자或字이다. 전사甸師가 제기에 담아 올렸다."라고 했다.

<u>신주</u>　《정주鄭注》에는 "자齍가 '자粢' 된다고 하고, 이르기를 자粢는 '직稷'이다. 자자齍粢는 고금자古今字라."라고 했다.

3월 관리들이 황자皇子들을 세워 제후왕으로 삼자고 청했다. 문제가 말했다.

"조유왕趙幽王이 유폐되어 죽었기 때문에 짐이 매우 애처롭게 여겨서 이미 그의 장자 수遂를 세워서 조왕으로 삼았다. 수遂의 아우인 벽강辟疆과 제 도혜왕齊悼惠王의 아들 주허후 유장과 동모후 흥거는 공로가 있어 왕을 하는데 가할 것이다."

이에 조유왕의 막내아들 벽강을 세워 하간왕河間王으로 삼고, 제齊의 극군劇郡으로 주허후朱虛侯를 세워 성양왕城陽王으로 삼고, 동모후東牟侯를 세워 제북왕濟北王으로 삼고, 황자 무武를 대왕代王으로 삼고, 황자 삼參을 태원왕太原王으로 삼고, 황자 읍揖을 양왕梁王으로 삼았다.

三月 有司請立皇子爲諸侯王 上曰 趙幽王幽死 朕甚憐之 已立其長子遂爲趙王 遂弟辟疆及齊悼惠王子朱虛侯章 東牟侯興居有功 可王 乃立趙幽王少子辟疆爲河間王 以齊劇郡立朱虛侯爲城陽王 立東牟侯爲濟北王 皇子武爲代王 子參爲太原王 子揖爲梁王

상上(효문제)이 말했다.

"옛날 천하를 다스릴 때는 조정에 진선지정進善之旌이나[①] 비방지목誹謗之木을[②] 두어 다스리는 도를 통하게 해서 간하는 자들이 오게 했다고 했다. 지금의 법은 비방하고 요상한 말을 하면 처벌하고 있다. 이는 여러 신하들에게 감히 진정을 못하게 해서 위에서 과실을 들을 수 없게 하는 것이니 장차 어떻게 먼 지방의 현량들을 오게 할 수 있겠는가? 그것들을 없애라. 백성 중 어떤 사람들이 황제를 저주하자고 서로 약속을 맺은 뒤에 서로 헐뜯다가 그쳤는데도[③] 관리들은 대역죄로 삼았다가 그들이 다른 말들을 하면 관리들은 비방죄로 다스리게 된다. 이에 빈천한 백성은 어리석고 무지해 죽음에 이를 수 있으니 짐은 매우 취하고 싶지가 않다. 지금부터는 이를 범하는 자가 있어도 듣고서 죄를 주지 말라."

上曰 古之治天下 朝有進善之旌[①] 誹謗之木[②] 所以通治道而來諫者 今法有誹謗妖言之罪 是使衆臣不敢盡情 而上無由聞過失也 將何以來遠方之賢良 其除之 民或祝詛上以相約結而後相謾[③] 吏以爲大逆 其有他言 而吏又以爲誹謗 此細民之愚無知抵死 朕甚不取 自今以來 有犯此者勿聽治

① 進善之旌진선지정

집해 응소는 "정旌은 '번幡'이다. 요堯임금이 오거리 길에 설치해 백성들에게 좋은 말[善]을 올리게 했다."라고 했다. 여순은 "좋은 말을 올리고자 하는 자는 깃발 아래에 서서 말을 하게 했다."라고 했다.

【集解】 應劭曰 旌 幡也 堯設之五達之道 令民進善也 如淳曰 欲有進善者 立於旌下言之

② 誹謗之木비방지목

집해 복건은 "요임금이 만들었는데 교량의 교오주 머리이다."라고 했다. 응소는 "다리의 가장자리 판에 정치의 과실을 기록하게 했다. 진秦나라에 이르러 없앴는데 지금 다시 설치했다."라고 했다.

【集解】 服虔曰 堯作之 橋梁交午柱頭 應劭曰 橋梁邊板 所以書政治之愆 失也 至秦去之 今乃復施也

색은 상고해보니 《시자尸子》에 "요임금이 비방하는 나무[誹謗之木]를 세웠다. 비의 음이 비非 또한 음이 비沸라고" 했다. 위소는 "정치에 잘못이 있는 것들을 생각해서 나무에 적게 한 것인데, 이는 요임금 때 그렇게 한 것을 후대에 따라서 꾸몄다. 지금 궁 바깥 다리의 머리에 네 그루의 나무를 심은 것이 이것이다."라고 했다. 정현은 《예기禮記》의 주석에서 "하나는 세로, 하나는 가로로 한 것을 오午라고 하는데 나무를 뚫어서 겉에 네 개의 기둥이 나오게 한 것으로 곧 지금의 화표華表이다."라고 했다. 최호崔浩는 "나무를 뚫어서 겉에 네 개의 기둥이 나오게 한 것을 '환桓'이라고 하는데 진陳과 초楚의 풍속에 환桓의 소리는 화和에

가까웠다. 또 이르되 '화표和表'에는 '화華'와 '화和'가 또 서로 와전된
것일 뿐이다."라고 했다.

【索隱】 按 尸子云 堯立誹謗之木 誹音非 亦音沸 韋昭云 慮政有闕失 使書
於木 此堯時然也 後代因以爲飾 今宮外橋梁頭四植木是也 鄭玄注禮云 一
縱一橫爲午 謂以木貫表柱四出 即今之華表 崔浩以爲木貫表柱四出名桓
陳楚俗桓聲近和 又云 和表 則華與和又相訛耳

③ 謾만

집해 《한서음의》에는 "백성이 서로 맺어서 함께 상上을 저주하는 것
이다. 만謾이란 뒤에서 헐뜯다가 중지하고 저주를 다하지 않는 것이다."
라고 했다.

【集解】 漢書音義曰 民相結共祝詛上也 謾者 而後謾而止之 不畢祝詛也

색은 위소는 "만謾은 서로가 거부하고 헐뜯는 것이다."라고 했다.
《설문》에는 "만謾은 속이는 것이다."라고 했다. 처음에는 서로 함께하기
로 약속하고 저주를 행했다가 뒤에는 서로를 속여 중도에서 중지하는
것을 이른다.

【索隱】 韋昭云 謾 相抵讕也 說文云 謾 欺也 謂初相約共行祝 後相欺謾 中
道而止之也

> 9월 처음으로 군국郡國의 태수와 승상에게 동호부銅虎符와 죽
> 사부竹使符를 만들어 주었다.①
>
> 九月 初與郡國守相爲銅虎符 竹使符①

① 銅虎符竹使符동호부죽사부

집해   응소는 "동호부銅虎符는 제1에서 제5까지인데 나라에서 군사
를 움직일 때 사신을 파견해 군군에 이르러 부符를 합해보고 부가 합해
지면 곧 사신의 말을 듣고서 받아들인다. 죽사부竹使符는 모두 죽전竹箭
5매를 쓰는데 길이는 다섯 치이고, 전서篆書를 새긴 것이 제1에서 제5
까지이다."라고 했다. 장안은 "부符는 옛날의 규장珪璋을 대신한 것으로
간편한 것을 따른 것이다."라고 했다.

【集解】 應劭曰 銅虎符第一至第五 國家當發兵 遣使者至郡合符 符合乃聽
受之 竹使符皆以竹箭五枚 長五寸 鐫刻篆書 第一至第五 張晏曰 符以代古
之珪璋 從簡易也

색은   《한구의漢舊儀》에는 동호부銅虎符는 군사를 움직이는데 길이는
여섯 치이다. 죽사부竹使符는 출입과 징발徵發할 때 쓴다.《설문》에는 나
누어진 부符를 합하는 것이다. 소안小顔은 "오른쪽은 경사京師에 보관
해 두고 왼쪽은 주는 것이다."라고 했다.《고금주古今注》에는 "동호부銅
虎符는 은銀조각으로 새겨 쓴다."고 했다. 장안은 "동銅은 그 동심同心

같은 마음을 취한 것이다."라고 했다.

【索隱】 漢舊儀銅虎符發兵 長六寸 竹使符出入徵發 說文云分符而合之 小顏云 右留京師 左與之 古今注云 銅虎符銀錯書之 張晏云 銅取其同心也

3년 10월 정유丁酉일 그믐에 일식이 있었다. 11월에 상이 말했다. "전날에 열후들에게 조서를 보내 봉국으로 가게 했는데 혹 핑계를 대고 가지 않고 있다. 승상은 짐에게 소중한 바이나 짐을 위해 열후들을 이끌고 봉국으로 가시라."

강후 주발이 승상의 자리를 내놓고 봉국으로 나아갔다. 태위 영음후潁陰侯 관영灌嬰을 승상으로 삼고 태위의 관직을 없애고 승상에게 속하게 했다. 4월 성양왕城陽王 유장劉章이 죽었다. 회남왕淮南王 유장劉長과 종자從者 위경魏敬이 벽양후辟陽侯 심이기審食其를 죽였다.

三年十月丁酉晦 日有食之 十一月 上曰 前日(計)[詔]遣列侯之國 或辭未行 丞相朕之所重 其爲朕率列侯之國 絳侯勃免丞相就國 以太尉潁陰侯嬰爲丞相 罷太尉官 屬丞相 四月 城陽王章薨 淮南王長與從者魏敬殺辟陽侯審食其

5월 흉노가 북지北地로 쳐들어와 하남河南을 차지하고 노략질했다.[1] 황제가 처음 감천甘泉으로 행했다.[2] 6월 황제가 말했다.

"한漢나라와 흉노는 형제가 되기로 약속하고 변방에 피해를 없애기 위해 흉노에게 아주 후한 물자를 보내주었다.[3] 지금 우현왕右賢王이[4] 그 나라를 떠나 무리들을 거느리고 하남의 항복한 땅[降地]에 머무르며 떳떳한 이유도 없이 새塞(장성) 부근을 오가면서 관리와 군졸들을 잡아 죽이고 변방에 살고 있는 만이蠻夷들을 몰아내어 그들의 고향에서 살지 못하게 하고 있다. 또 변방의 관리들을 업신여기고 공격해서 도둑질해 가니 매우 오만하고 무도無道하며 약속과도 어긋나는 짓이다. 변방의 관리와 기병 8만 5,000명을 발동시켜 고노高奴에[5] 이르게 하고 승상 영음후 관영을 파견하여 흉노를 공격하라."

흉노가 떠나가자 중위中尉[6] 휘하 중 재관材官을[7] 선발하고 위장군의 군대에 소속시켜 장안에 주둔시켰다.

五月 匈奴入北地 居河南爲寇[1] 帝初幸甘泉[2] 六月 帝曰 漢與匈奴約爲昆弟 毋使害邊境 所以輸遺匈奴甚厚[3] 今右賢王[4]離其國 將衆居河南降地 非常故 往來近塞 捕殺吏卒 驅保塞蠻夷 令不得居其故 陵轢邊吏 入盜 甚敖無道 非約也 其發邊吏騎八萬五千詣高奴[5] 遣丞相潁陰侯灌嬰擊匈奴 匈奴去 發中尉[6]材官[7]屬衛將軍軍長安

① 匈奴入北地居河南爲寇흉노입북지거하남위구

　서기전 177년에 흉노 우현왕右賢王이 침입한 사건을 말한다.

효문제孝文帝는 승상 관영灌嬰을 하남으로 보내 우현왕을 격퇴시켰다.

이 때 묵돌선우(?~서기전 174년, 재위 서기전 209년~서기전 174년)는 서쪽지

방을 공략하여 누란楼蘭·오손烏孫·호갈呼揭 및 서역 26국을 흉노의

지배하에 두고 있었다. 효문제는 한고조 때 맺은 화친조약을 들어 묵돌

선우에게 항의했고, 선우는 다시 화해하자는 국서를 보냈다. 그 국서에

"지금 작은 관리들이 약속을 깨트렸기 때문에 그 죄를 물어 이번에 우

현왕에게 그 벌로써 서쪽으로 월지를 토벌하게 했다."는 내용이 보인다.

② 幸甘泉행감천

집해　채옹은 "천자天子의 거가車駕가 이르는 곳은 백성이나 신하들

이 요행으로 여긴다. 그래서 '행幸'이라고 했다. 현령·장長·삼로三老·

관속官屬들을 만나보는데 몸소 헌軒(건물)에 임하면 음악을 연주하고

음식과 비단·수건·칼·띠 따위를 하사했으며 백성들에게 급수에 따라

작위를 주고 혹은 전조田租의 반半을 하사했다. 그래서 이를 따라서 '행

幸'이라고 이른다."라고 했다.

【集解】 蔡邕曰 天子車駕所至 民臣以爲僥倖 故曰幸 至見令長三老官屬

親臨軒 作樂 賜食帛越巾刀佩帶 民爵有級數 或賜田租之半 故因是謂之幸

색은　응소는 "감천甘泉은 궁宮의 이름으로 운양雲陽에 있다. 일명 임

광林光이다."라고 했다. 신찬臣瓚은 "감천甘泉은 산 이름이다. 임광林光

은 진秦나라 이궁離宮의 이름이다."라고 했다. 또 고씨顧氏가 상고해보

니 형승종邢承宗의《서정부西征賦》의 주注에 "감천은 물 이름이다."라고
했다. 지금 상고해보니 대개 땅에 감천甘泉이 있어서 이를 따라 산 이름
으로 산았다면 산수山水가 다 통하는 것이다. 궁명宮名이란 것은 틀린
것이다.

【索隱】 應劭云 宮名 在雲陽 一名林光 臣瓚云 甘泉 山名 林光 秦離宮名
又顧氏按 邢承宗西征賦注云 甘泉 水名 今按 蓋因地有甘泉以名山 則山水
皆通也 宮名謬爾

③ 漢與匈奴約為昆弟~所以輸遺匈奴甚厚한여흉노약위곤제~소이수유흉노
심후

신주 한고제漢高帝 때 맺은 화친조약을 이행한 것이다. 한고제가 백
등산白登山에서 흉노에게 포위당했다가 선우 황후의 도움으로 귀환한
후 유경劉敬의 설득으로 조약을 체결했다. 조약의 내용은 대략 다음과
같다. ❶장성을 국경으로 정한다. ❷한나라의 공주를 선우의 연지 (왕
후)로 보낸다. ❸형제의 맹약을 체결한다. ❹매년 한은 흉노에게 솜·비
단·술·곡식 등을 바친다. ❺관시關市를 개설한다 등이다. 매우 굴욕적
인 내용이지만 당시 한나라 국력으로는 흉노한테 매년 막대한 조공을
바쳐 평화를 유지할 수밖에 없었다. 〈유경숙손통열전劉敬叔孫通列傳〉에
자세한 내용이 나온다.

④ 右賢王우현왕

신주 흉노는 황제인 선우單于 아래 좌현왕左賢王과 우현왕이 있었다. 《송서宋書》〈이만夷蠻열전〉 백제 조에 백제 개로왕이 재위 3년(서기 457년) 중국 남조 송의 세조世祖에게 보낸 국서에서 '행관군장군行冠軍將軍 우현왕右賢王 여기餘紀'라는 표현을 썼는데 이는 백제도 임금은 황제이고 그 아래 좌·우현왕 제도가 있었음을 말해주는 것이다.

⑤ 高奴고노

신주 지금의 섬서성陝西省 연장현延長縣에 위치한다.

⑥ 中尉중위

집해 《한서》〈백관표百官表〉에 "중위中尉는 진秦나라의 관직이다."라고 했다.

【集解】 漢書百官表曰 中尉 秦官

⑦ 材官재관

신주 한나라 때 임금의 호위 군사를 뜻한다.

신묘辛卯일에 황제가 감천甘泉에서 고노高奴로 갔다가 이를 계기로 태원太原까지 행차해 옛날의 여러 신하들을 만나보고 모두 상을 내렸다. 또 공로를 들어서 공에 따라 상을 주고 여러 백성들이 사는 마을마다 소와 술을 내렸다. 진양晉陽과① 중도中都 백성들에게 3년 간 부역을 면제해 주었다. 태원에서 10여 일간을 유람하며 머물렀다.

辛卯 帝自甘泉之高奴 因幸太原 見故羣臣 皆賜之 擧功行賞 諸民里 賜牛酒 復晉陽①中都民三歲 留游太原十餘日

① 晉陽진양

정의 진양의 고성은 분주汾州 평요현平遙縣 서남쪽 13리에 있다.

【正義】 故城在汾州平遙縣西南十三里

제북왕濟北王 유흥거劉興居는 황제가 대代로 가서 흉노를 공격할 것이라는 소식을 듣고는 반란을 일으키고 군사를 발동해 형양滎陽을 습격하고자 했다. 이에 조서를 내려 흉노를 공격하려던 승상의 군사를 철수시키고 극포후棘蒲侯 진무陳武를[1] 대장군으로 파견해 10만의 군사를 이끌고 가 공격하게 했다. 기후祁侯 증하繒賀를[2] 장군으로 삼아 형양에 주둔케 했다.

濟北王興居聞帝之代 欲往擊胡 乃反 發兵欲襲滎陽 於是詔罷丞相兵 遣棘蒲侯陳武①爲大將軍 將十萬往擊之 祁侯賀②爲將軍 軍滎陽

① 陳武진무

신주 혹은 시무柴武라고도 한다. 일찍이 흉노에 투항하여 장군이 된 한왕韓王 신信을 참살했고, 대장군에 올라 제북왕 유흥거劉興居를 포로로 잡아 공을 세웠다.

② 祁侯賀기후하

정의 서광은 "성은 증繒이다. 문제 11년에 졸했는데 시호는 경敬이다."라고 했다.

【集解】 徐廣曰 姓繒 以文帝十一年卒 謚曰敬

색은 《한서음의》는 기祁의 발음이 '지遲'라고 했다. 하賀의 성은 '증繒'이다. 증繒은 옛 나라인데 하夏나라와 동성同姓이다.

【索隱】 漢書音義祁音遲 賀姓繒 繒 古國 夏同姓也

정의 《괄지지》에는 "병주幷州 기현祁縣성은 진晉대부 기해祁奚의 읍이다."라고 했다.

【正義】 括地志云 幷州祁縣城 晉大夫祁奚之邑

7월 신해辛亥일에 황제가 태원에서 장안長安으로 돌아왔다. 이에 유사有司에게 조서를 내려 말했다.

"제북왕濟北王이 배덕背德하게도 황제에게 반역하고 관리들과 백성을 속여서 대역죄를 지었다. 제북의 관리와 백성들 중에 군사가 이르기 전에 먼저 스스로 난을 평정하려 한 자와 군대가 주둔한 읍에서 투항한 자는 모두 사면해서 관직과 작위를 복직시켜라. 제북왕 흥거와 왕래한 자들 또한 사면하라."[1]

8월 제북왕의 군대를 쳐부수고 제북왕 흥거를 사로잡았다. 제북의 여러 관리와 백성들 중에서 제북왕과 함께 반역한 자들도 사면시켰다.

七月辛亥 帝自太原至長安 迺詔有司曰 濟北王背德反上 詿誤吏民

爲大逆 濟北吏民兵未至先自定 及以軍地邑降者 皆赦之 復官爵 與

王興居去來 亦赦之[1] 八月 破濟北軍 虜其王 赦濟北諸吏民與王反者

① 去來亦赦之거래역사지

집해 서광은 "(거래란) 잠깐 갔다가 잠깐 오는 것이다."라고 했다. 배인이 상고해보니 장안은 "비록 처음에 흥거興居와 함께 반역했지만 지금은 항복해서 사면한 것이다."라고 했다.

【集解】 徐廣曰 乍去乍來也 駰案 張晏曰 雖始與興居反 今降 赦之

6년 유사有司가 아뢰었다.

"회남왕 유장劉長이 선제先帝의 법을 폐하고 천자의 조서를 따르지 않으며 거처居處함에 법도가 없고, 출입할 때는 천자의 행렬에 버금가게 했으며① 멋대로 법령을 만들고 극포후棘蒲侯의 태자 진기陳奇와 함께 모반을 꾀하고 있습니다. 민월閩越과② 흉노에 사신을 보내 그들의 군사를 움직이게 하여 종묘와 사직을 위태롭게 하려고 합니다."

六年 有司言淮南王長廢先帝法 不聽天子詔 居處毋度 出入擬於天子① 擅爲法令 與棘蒲侯太子奇謀反 遣人使閩越②及匈奴 發其兵 欲以危宗廟社稷 羣臣議

---

① 出入擬於天子출입의어천자

신주 궁문宮門 밖으로 행차할 때 의장물품儀仗物品, 기치旗幟, 장마

仗馬 등 노부鹵簿의 규모를 황제와 같게 했다는 뜻이다. 중국에서는 황제와 태자, 제후 등이 이동하거나 행사를 치를 때 의장의 규모와 동원된 수레 이에 사용된 기치旗幟의 수와 문장紋章 등을 달리 하고 있다.

② 閩越민월

신주　진秦·한漢 시대에, 월족越族이 세운 왕조로 민강閩江 유역을 중심으로 복건福建 북부, 절강浙江 남부 지역에 분포하여 살던 민족이다. 시신을 관에 안치한 후 절벽에 안치하는 현관장懸棺葬의 풍속이 있었다.

여러 신하들이 의논해서 모두 말했다.

"유장을 기시棄市에① 처함이 마땅합니다."

황제는 차마 회남왕 유장을 법으로 다스리지 못하고 그의 죄를 사면하되 왕위를 폐했다. 여러 신하들이 촉蜀의 엄도嚴道나 공도邛都로② 유배 보내자고 청하자 문제가 허락했다. 유장이 유배처에 이르지 못하고 가는 길에 병이 들어 죽자 황제가 불쌍하게 여겼다. 그 후 효문제 16년에 회남왕③ 유장을 추존해서 시호를 여왕厲王이라고 하고 그의 아들 세 명을 세워 회남왕과 형산왕衡山王과④ 여강왕廬江王으로⑤ 삼았다.

皆曰 長當棄市① 帝不忍致法於王 赦其罪 廢勿王 羣臣請處王蜀嚴道 邛都② 帝許之 長未到處所 行病死 上憐之 後十六年 追尊淮南王長謚爲厲王 立其子三人爲淮南王③ 衡山王④ 廬江王⑤

① 棄市기시

《예기》의 〈왕제〉 편에 "시장에서 사람에게 형을 내릴 때는[刑人于市] 여러 사람과 함께 그를 버린다[與衆棄之]"라고 했다. 따라서 기시棄市는 중국 고대에 집행된 사형 중 하나로 사람들이 많이 모인 곳에서 죄인의 목을 베고 그 시체를 길거리에 버려두는 형벌이다.

② 邛都공도

집해 서광은 《한서漢書》에서 도都는 '우郵' 자라고 했는데 혹은 곧 '공북邛僰'이라고 했다. 공도邛都는 본래 서남이西南夷의 땅인데 이때는 왕래하지 않았고, 엄도嚴道에는 공북산邛僰山이 있다."라고 했다.

【集解】 徐廣曰 漢書或作 郵字 或直云 邛僰 邛都乃本是西南夷 爾時未通 嚴道 有邛僰山

정의 邛의 발음은 '공[其恭反]'이다.《괄지지》에 "엄도嚴道는 지금 현縣이 되었는데 곧 공주邛州에서 다스리는 현縣이다. 현縣에는 만이蠻夷가 있는데 '도道'라고 했기 때문에 엄도嚴道라고 한다. 공도현은 본래 공도국邛都國인데, 한漢나라의 현縣이 되었다. 지금의 휴주嶲州이다."《서남이전西南夷傳》에 "전지滇池 북쪽에는 군장君長이 수십인데 공도邛都가 가장 크다."라는 것이 이것이다. 상고해보니 군신群臣들이 회남왕장淮南王長을 촉蜀의 엄도嚴道에 거처시키자고 청했는데 그렇게 하지 않고 먼 공도의 서쪽 공북산邛僰山이 있는 곳으로 바꾸었다. 공북산은 아주

雅州 영경현榮經縣 경계에 있다. 영경榮經현은 무덕武德(당 고조의 연호 618
년~626년) 연간에 설치했는데 원래는 진秦나라 엄도 땅이다. 《화양국지
華陽國志》에는 "공작산邛筰山은 옛날 공인邛人과 작인筰人의 경계였다.
산의 바위가 가파르고 높으며 굽이굽이 아홉 번 꺾어져야 이르는데 위
와 아래에는 얼음이 얼어있다. 상고해보니 곧 왕준王尊이 올라간 곳이
다. 지금 아홉 번 꺾어진 곳에서 서남쪽으로 휴주嶲州에 이르는데 산에
는 비가 많고 갠 날은 적어서 속칭 '누천漏天(하늘이 새다)'이라."고 했다.

【正義】 邛 其恭反 括地志云 嚴道今爲縣 即邛州所理縣也 縣有蠻夷曰道
故曰嚴道 邛都縣本邛都國 漢爲縣 今嶲州也 西南夷傳云 滇池以北君長以
十數 邛都最大 是也 按 羣臣請處淮南王長蜀之嚴道 不爾 更遠邛都 西有邛
僰山也 邛僰山在雅州榮經縣界 榮經 武德年閒置 本秦嚴道地 華陽國志云
邛筰山故邛人 筰人界也 山巖峭峻 曲回九折乃至 上下有凝冰 按即王尊登
者也 今從九折西南行至嶲州 山多雨少晴 俗呼名爲漏天

③ 淮南王회남왕

색은 이름은 안安이고 부릉후阜陵侯이다.
【索隱】 名安 阜陵侯也

④ 衡山王형산왕

색은 이름은 발勃이고 안양후安陽侯이다.
【索隱】 名勃 安陽侯也

⑤ 廬江王여강왕

| 색은 | 이름은 사賜이고 주양후周陽侯이다.

【索隱】 名賜 周陽侯也

제2장

민생을 안정시키다

육형肉刑을 없애라고 하다

13년 여름 상上이 말했다.

"대개 하늘의 이치에 대해 들으니 재앙은 원망으로부터 일어나고 복은 덕에 순종하여 흥한다고 한다. 모든 관리들의 잘못은 짐의 몸가짐에서 말미암은 것이다. 지금 비축秘祝을 맡은 관리들이① 과실을 아래로 돌려서 나의 부덕함을 드러내고 있는데 짐이 매우 취하고 싶지 않은 것이다. 그런 관행을 없애라."

十三年夏 上曰 蓋聞天道禍自怨起而福繇德興 百官之非 宜由朕躬 今祕祝之官① 移過于下 以彰吾之不德 朕甚不取 其除之

① 秘祝之官비축지관

집해 응소는 "비축지관秘祝之官(비축의 관리들) 이과우하移過于下(과실

을 아래로 돌린다)는 국가에서 휘諱하는 것이다. 그래서 비秘라고 한다."라
고 했다.

【集解】 應劭曰 祕祝之官移過于下 國家諱之 故曰祕

신주　진秦나라 때 축관祝官 중에 비축秘祝이 있었는데, 재앙과 상서
로움을 관리했다. 황제와 관련이 있기 때문에 비축이라고 한 것이다.

5월 제나라 태창령太倉令 순우공淳于公에게[1] 죄가 있어 형을 받
게 되자 체포해서 장안으로 압송해 조옥詔獄[2] 가두게 했다.

五月 齊太倉令淳于公[1]有罪當刑 詔獄[2]逮徙系長安

---

① 淳于公순우공

색은　이름은 의意인데 제齊나라 태창령太倉令이 되었다. 그래서 창
공倉公이라고 일렀다.

【索隱】 名意 爲齊太倉令 故謂之倉公也

신주　순우는 한漢나라 때의 명의이다. 그는 양경陽慶에게 의술을 배
운 후 제후국들을 종횡으로 다니면서 의술을 펼쳤는데 그에게 치료받
지 못한 환자들에게 원망을 샀다. 그 때문에 고발당해 장안으로 압송되
었던다. 〈창공열전〉에 행적이 기록되어 있다.

② 詔獄조옥

　황제의 조령에 따라 죄인을 가두던 감옥이다. 주로 구경九卿이나 군수郡守같은 고위 관료들을 다루었다.

태창공은 아들이 없었고 딸만 다섯을 두었는데, 태창공이 장안으로 압송되어 가면서 그 딸들을 꾸짖으며 말했다.

"자식들을 낳았지만 아들을 낳지 못했으니 위급한 일이 있을 때 도움이 되지 못하는구나!"

그의 막내딸 제영緹縈이① 스스로 상심해서 슬피 울면서 그의 아버지를 따라 장안長安에 이르러 황제에게 글을 올렸다.

"소녀의 아버지는 관리가 되었을 때 제나라 안에서 모두 청렴하고 공평하다고 칭찬하였는데 지금 법을 어겨 형을 받게 되었습니다. 무릇 죽은 자는 다시 살아날 수 없고 형을 받은 자는 다시 관리가 될 수가 없으니 비록 다시 허물을 고치고 스스로 새롭게 된다고 해도 그런 길이 없는 까닭에 소녀는 슬픕니다. 소녀는 들어가 관비官婢가 되어 아버지의 죄를 갚고 아버지로 하여금 스스로 새 사람이 될 수 있게 해주시기를 원합니다."

太倉公無男 有女五人 太倉公將行會逮 罵其女曰 生子不生男 有緩急非有益也 其少女緹縈①自傷泣 乃隨其父至長安 上書曰 妾父爲吏 齊中皆稱其廉平 今坐法當刑 妾傷夫死者不可復生 刑者不可復屬 雖復欲改過自新 其道無由也 妾願沒入爲官婢 贖父刑罪 使得自新

① 緹嫈제영

緹는 '제啼'로 발음한다. 추탄생은 '체體'로 발음한다고 했는데
잘못이다.
【索隱】 緹音啼 鄒氏音體 非

글이 천자에게 아뢰어지자 천자가 그 뜻을 불쌍하게 여겨서 조서를 내려서 말했다.

"대개 들으니 유우씨有虞氏(순임금)의 세상에서는 (죄를 지으면) 의관에 무늬를 그리고 복장에 채색을 하는 것을 치욕으로 삼게 했음에도① 백성이 법을 범하지 않았다고 했다. 왜인가? 다스림이 지극했기 때문이다. 지금의 법에는 육형肉刑이 세 가지나 있는데도② 간사한 것이 그치지 않는 것은 그 허물이 어디에 있겠는가? 짐의 덕이 박하거나 교화에 밝지 못해서가 아니겠는가? 짐은 심히 스스로 부끄럽다. 그래서 무릇 도道로 가르친 것이 순수하지 못해서 어리석은 백성을 함정에 빠뜨렸다. 《시경》에③ '점잖으신 임금은 백성의 부모로다.'라고 했다. 지금 사람들에게 과실이 있으면 가르침을 베풀지 않고 형벌을 더하고 있으니 간혹 잘못을 고쳐 선을 행하려 해도 행할 길이 없게 되는 것이다. 짐은 매우 이것을 불쌍하게 여기노라. 무릇 형벌로 팔다리를 자르고 살가죽을 도려내면서도 죽을 때까지 그치지 않으니 얼마나 아프고 괴로워했겠는가? 그래서 부덕한 짓이다. 어찌 백성의 부모 된 자의 뜻이라고 일컬을 수 있겠는가? 육형肉刑을 없애라."

書奏天子 天子憐悲其意 乃下詔曰 蓋聞有虞氏之時 畫衣冠異章服以爲僇① 而民不犯 何則 至治也 今法有肉刑三② 而姦不止 其咎安在 非乃朕德薄而教不明歟 吾甚自愧 故夫馴道不純而愚民陷焉 詩曰③ 愷悌君子 民之父母 今人有過 教未施而刑加焉 或欲改行爲善而道毋由也 朕甚憐之 夫刑至斷支體 刻肌膚 終身不息 何其楚痛而不德也 豈稱爲民父母之意哉 其除肉刑

① 畵衣冠異章服以爲僇화의관이장복이위륙

[정의] 《진서晉書》〈형법지刑法志〉에는 "삼황三皇이 말을 하면 백성이 어기지 않았고 오제五帝가 의복과 관에 그림을 그리면 백성이 알고 금했다. 경형黥刑(먹물을 뜨는 형벌)의 죄를 범한 자는 그의 두건을 검게 하고, 의형劓刑(코를 베는 형벌)의 죄를 범한 자는 붉은 옷을 입게 하고 빈형臏刑(발뒤꿈치를 베는 형벌)의 죄를 범한 자는 그 몸에 자자刺字 하고 궁형宮刑(고환을 제거하는 것)의 죄를 범한 자는 그의 신을 썩히게 하고 대벽大辟(사형)의 죄를 범한 자는 특별히 엄한 형벌을 다해서 옷깃의 가선이 없는 포布로 만든 옷을 저자에 던져서 군중이 함께 버리게 한다."라고 했다.

【正義】 晉書刑法志云 三皇設言而民不違 五帝畵衣冠而民知禁 犯黥者皁其巾 犯劓者丹其服 犯臏者墨其體 犯宮者雜其屨 大辟之罪 殊刑之極 布其衣裾而無領緣 投之於市 與衆棄之

② 肉刑三육형삼

[집해] 이기李奇는 "약법約法 3장三章에는 육형肉刑이 없었는데 문제文帝 때에 육형肉刑이 있었다."고 했다. 맹강孟康은 "경黥(먹물을 새기는 것)과 의劓(코를 베는 것)가 둘이고 좌우의 발뒤꿈치를 베는 것이 하나로서 총 세 가지이다."라고 했다.

【集解】 李奇曰 約法三章無肉刑 文帝則有肉刑 孟康曰 黥劓二 左右趾合一 凡三

위소韋昭는 "지趾(발 뒤꿈치)와 경黥과 의劓를 자르는 것들이다." 라고 했다. 최호崔浩는《한율서漢律序》에 "문제文帝가 육형肉刑은 없앴지 만 궁형宮刑은 바꾸지 않았다."라고 했다. 장비張斐의 주석에는 (궁형은) 음란한 사람의 씨를 말리는 실마리다. 그래서 바꾸지 않았다."고 했다.

【索隱】 韋昭云 斷趾 黥 劓之屬 崔浩漢律序云 文帝除肉刑而宮不易 張斐 注云 以淫亂人族序 故不易之也

③ 詩曰시왈

《시경》〈대아大雅〉 형작泂酌 조의 시이다.

황제가 말했다.

"농사는 천하의 근본으로 이것보다 큰 것이 없다. 지금 몸을 부 지런히 하여 농사에 종사해도 조세가 부과賦課되고 있다. 이것 은 본업本業과 말업末業(상업)을① 구분하지 않는 것이니 농업을 권장하는 방도에 아직 준비가 되지 않은 것이다. 경지에 부과하 는 조세를 없애라."②

上曰 農 天下之本 務莫大焉 今勤身從事而有租稅之賦 是爲本末① 者毋以異 其於勸農之道未備 其除田之租稅②

---

① 本末본말

이기李奇는 "본本은 농업이다. 말末은 가賈(상업)이다. 농업과 상업이 함께 조세를 내는 것은 구분이 없다고 말한 것이다. 그래서 전조田租를 없앤 것이다."라고 했다.

【集解】 李奇曰 本 農也 末 賈也 言農與賈俱出租無異也 故除田租

② 其除田之租稅기제전지조세

신주 효문제는 부역을 가볍게 하고 세금을 줄이는 경요박부輕繇薄賦의 정책을 취했다. 이로써 농상農桑을 권장함은 물론 조세를 대폭 경감하였다. 후세 사가들은 선정을 펼쳤다는 의미로 경제景帝 때와 합쳐 문경지치文景之治의 시대라고 칭했다.

한나라에서 적赤을 높이다

14년 겨울 흉노가 모의해서 변경에 쳐들어와[1] 노략질을 일삼고 조나朝那의 요새를 공격해서 북지北地의 도위都尉 손앙孫印을[2] 살해했다. 황제는 세 명의 장군을 파견해 농서隴西와 북지北地와 상군上郡에 주둔하게 하고 중위中位 주사周舍를 위장군衛將軍으로 삼고, 낭중령郎中令 장무張武를 거기장군으로 삼아 위북渭北에 주둔시켰다.

十四年冬 匈奴謀入邊爲寇[1] 攻朝那塞 殺北地都尉印[2] 上乃遣三將軍軍隴西 北地 上郡 中尉周舍爲衛將軍 郎中令張武爲車騎將軍 軍渭北

① 匈奴謀入邊爲寇흉노모입변위구

신주 한고조는 평성平城의 백등산白登山에서 흉노한테 곤욕을 치른 후 묵돌선우冒頓單于와 굴욕의 조약을 체결했다. 이 조약 후 작은 충돌은 몇 차례 있었으나 조약이 비교적 잘 지켜졌다. 묵돌선우의 대를 이은 노상선우老上單于(재위 서기전 176년~서기전 161년) 때도 화친 조약에 따라 공주를 출가시켰을 정도로 우호관계가 이어졌다. 그러나 노상선우가 죽고 군신선우君臣單于(재위 서기전 161년~서기전 126년)가 들어서고 그의 말년에 한무제가 화친 조약을 파기하고 흉노에 맞섬으로써 흉노의 세력이 점차 쇠락의 길을 걷게 되었다. 이때 흉노를 격퇴한 것은 전한과 흉노 세력관계가 역전되는 전환점이 되었다. 기원전 119년 흉노의 본토를 정벌하여 이치다 선우가 실종되면서 흉노의 몰락이 시작되었다.

② 卬앙

집해 서광은 "성은 손孫이다. 그의 아들 단單을 봉해 병후餠侯로 삼았으나 흉노匈奴에게 죽임을 당했다."라고 했다.

【集解】 徐廣曰 姓孫 封其子單爲餠侯 匈奴所殺

전차가 1,000승乘에 기병이 10만이었는데 황제가 친히 군사들을 위로하고 군대를 통솔하여 교령을 내리고 군관과 이졸吏卒들에게 포상을 했다. 황제가 몸소 장수가 되어 흉노를 공격하려 했다. 이에 여러 신하들이 모두 간했지만 듣지 않았다. 황태후가 완강하게 황제에게 요구하자[1] 황제가 비로소 그만두었다.

車千乘 騎卒十萬 帝親自勞軍 勒兵申教令 賜軍吏卒 帝欲自將擊匈奴 羣臣諫 皆不聽 皇太后固要帝[1] 帝乃止

[1] 要帝요제

집해 여순如淳은 "반드시 스스로 정벌에 나설 수 없다."라고 했다.
【集解】 如淳曰 必不得自征也

이에 동양후東陽侯 장상여張相如를[1] 대장군으로, 성후成侯 동적董赤을[2] 내사內史로, 난포欒布를[3] 장군으로 삼아 흉노를 공격했다. 흉노가 도망쳐 달아났다.

於是以東陽侯張相如[1]爲大將軍 成侯赤[2]爲內史 欒布[3]爲將軍 擊匈奴 匈奴遁走

① 張相如장상여

신주 《한서漢書》〈장풍급정전張馮汲鄭傳〉에 "고조 6년(서기전 201년)에 중대부中大夫가 되었고, 하간수河間守로 있을 때 진희陳豨를 격파하는 데 공을 세웠다. 고조高祖 11년 12월에 동양무후東陽武侯로 봉해지면서 1,300호를 받았다."라고 했다.

② 成侯赤성후적

집해 서광은 "성은 동董이다."라고 했다.

【集解】 徐廣曰 姓董也

③ 欒布난포

신주 난포(?~서기전 145년)는 전한시대 양나라(지금의 하남성 상구시商丘市) 사람이다. 칠국의 난을 토벌한 공으로 유후鄃侯에 봉해졌다. 사후 그의 아들 난분欒賁이 뒤를 이었으나 한무제 때 제사에 사용된 가축이 법령의 규정에 맞지 않아 서인庶人으로 떨어졌다.

봄에 황제가 말했다.

"짐이 희생과 규폐珪幣(귀한 예물)로써① 상제上帝와 종묘를 섬긴 지 지금까지 14년으로 세월이 장구하게 흘렀도다. 민첩하지 못했고 총명하지도 못했지만 오랫동안 천하를 어루만지면서 군림했으니 짐 스스로가 매우 부끄럽다. 제단을 넓히고 규폐를 더 많이 올리도록 하라. 옛날 선왕께서는 멀리까지 베풀어 주었으되 그 보답을 구하지 않으셨고, 망사望祀에서도② 그의 복을 빌지 않으셨다. 어진 이를 오른쪽으로 높이고③ 친척들을 왼쪽으로 낮췄으며 백성들을 먼저 하고 자신을 뒤로 해 그 현명함이 극도에 이르렀었다. 지금 내가 듣건대 사관祠官들이 복을④ 비는데 모든 복을 짐에게 돌리고 백성들을 위하지 않는다고 하니 짐이 심히 부끄러울 지경이다. 무릇 짐이 부덕한데도 나 홀로 아름다운 그 복을 누리면서 백성들과 함께하지 않는다면 이것은 짐의 부덕함을 더하는 일이다. 그들에게 명하노니 사관祠官들은 제사를 지낼 때 공경을 다하되 짐에게만 복을 비는 일이 없도록 하라."

春 上曰 朕獲執犧牲珪幣①以事上帝宗廟 十四年于今 歷日(縣)[綿]長 以不敏不明而久撫臨天下 朕甚自愧 其廣增諸祀壇場珪幣 昔先王 遠施不求其報 望祀②不祈其福 右賢左戚③ 先民後己 至明之極也 今 吾聞祠官祝釐④ 皆歸福朕躬 不爲百姓 朕甚愧之 夫以朕不德 而躬 享獨美其福 百姓不與焉 是重吾不德 其令祠官致敬 毋有所祈

① 犧牲珪幣희생규폐

신주　희생犧牲은 천지나 종묘에 제사지낼 때 사람 대신에 썼던 소나 양 등의 살아 있는 짐승을 말한다. 진양공秦襄公이 서치西畤에서 백제白帝(소호)에게 제사 지낼 때 희생으로 유구騮駒·황소·저양羝羊을 각각 한 마리씩 바쳤고, 진문공도 부치鄜畤를 세우고 소·양·돼지로써 백제白帝에게 제사 드렸다는 기록이 있다. 규폐珪幣 역시 천지나 종묘에 제사 지낼 때 바치는 진귀한 물건이다. 규珪는 옥기玉器로 폭이 좁고 긴 모양의 그릇이며, 폐幣는 신에게 제사할 때 바치는 비단을 일컫는다.

② 望祀망사

신주　산천이나 땅의 신에 제사지내는 것이다. 《주례》〈지관地官〉편 목인牧人 조에, "무릇 양사陽祀는 붉은 색을 희생으로 쓰고 음사陰祀는 검푸른 색의 희생을 썼으며 망사望祀는 각 방향에 따른 색으로 희생을 썼다."라고 했다. 정현이 이르기를 "양사陽祀는 남쪽 교외와 종묘에서 하늘에 제사를 지냈고, 음사陰祀는 북쪽 교외와 사직에서 땅에 제사를 지냈다. 망사望祀는 오악五嶽·사진四鎭·사독四瀆에서 지냈으나 지금은 산천에서 지내는 제사를 이른다."라고 했다.

③ 右賢左戚우현좌척

집해　위소는 "우右는 높은 것高과 같고 좌左는 낮은 것下과 같다."라고 했다.

【集解】 韋昭曰 右猶高 左猶下也

색은 유덕劉德은 "어진 이를 앞세우고 친척을 뒤에 놓은 것이다."라
고 했다.

【索隱】 劉德云 先賢後親也

④ 釐희

집해 여순如淳은 "희釐는 복福이다. 가의전賈誼傳에 '수희좌선실受釐
坐宣室'(효문제가 수희를 하며 선실에 앉아 있었다)이다."라고 했다.

【集解】 如淳曰 釐 福也 賈誼傳 受釐坐宣室

색은 釐는 '희禧'로 발음하는데 복福이란 뜻이다.

【索隱】 音禧 福也

신주 희釐는 조胙(제사 지낸 고기)를 뜻한다. 황제가 천지와 오치五時
(다섯 제사 터)에 사신을 보내서 제사를 지내고 남은 제사 고기를 황제에
게 이르게 해서 복을 받는 것을 보이는데 이를 수희受釐라고 한다. 선실
宣室은 은殷나라 때 궁전의 전각 이름이다.

이때 북평후北平侯 장창張蒼이① 승상이 되어 곧바로 율력律曆을
바로 잡았다. 노魯나라 사람 공손신公孫臣이② 황제에게 글을 올
려 오덕五德의 일이 끝마치고 시작하는 이치를③ 진술했는데 지
금은 토덕土德의 때라고 아뢰고, 토덕土德의 때에는 황룡黃龍이
응해서 나타나니 마땅히 정삭正朔과④ 복색服色⑤ 제도를 개정해
야 한다고 말했다. 천자가 그 일을 조정에 내려 승상과 의논하라
고 했다. 승상이 따져 보니 지금은 수덕水德이 되는 까닭으로 10
월을 정월로 명명明命하여 시작하고 흑색을 높여서 섬겨야 한
다. 그(공손신)의 말은 시비하는 말다툼으로 여겨지니 논의를 그
쳐야 한다고 청했다.

是時北平侯張蒼①爲丞相 方明律歷 魯人公孫臣②上書陳終始傳五德
事③ 言方今土德時 土德應黃龍見 當改正朔④服色⑤制度 天子下其事
與丞相議 丞相推以爲今水德 始明正十月上黑事 以爲其言非是 請
罷之

① 張蒼장창

신주 장창(서기전 253년~서기전 152년)은 양무陽武(지금의 하남성 원양현
성의 동남쪽) 사람이다. 진·한시대 과학자이며, 유학과 음양가의 학자이
다. 일찍이 순경荀卿을 스승으로 따랐다. 전한의 개국공신으로 승상에
올랐으며 유장劉長이 시기柴奇(진기) 등과 반란을 도모하다가 발각되었
을 때 그들을 문초하여 귀양 보냈다. 북평후北平侯에 봉해졌고 시호는

문공文公이다.

② 公孫臣공손신

신주 공손신(?~?)은 노魯나라(지금의 산동성 곡부시 일대) 사람으로 방
사方士이다. 한문제漢文帝 시기 토덕土德의 때임을 밝히고 박사로 초빙되
어 토덕土德에 맞는 책력과 복색제도에 대한 초안을 만들었다.

③ 終始傳五德事종시전오덕사

색은 오행五行의 덕은 제왕이 서로 계승하고 전하면서 바뀌는데 끝
마치면 다시 시작한다. 그래서 '종시전오덕사終始傳五德事'라고 했다. 전
의 음은 전轉이다
【索隱】 五行之德 帝王相承傳易 終而復始 故云 終始傳五德之事 傳音轉也

신주 오덕五德이란 금金·목木·수水·화火·토土의 오행을 오덕으로
간주하는데, 역대 왕조가 각각 하나의 덕을 대표하는 것으로 본다. 오
행은 서로 극복하거나 서로 상생하는 순서가 있는데 이것이 왕조의 교
체를 정당화하는 사상이다.

④ 正朔정삭

신주 한 해의 첫 달의 첫날. 곧 정월 초하루를 이른다. 역법曆法의 하

나로 중국에서 제왕이 새로 나라를 세우면서 세수歲首를 고쳐 신력新曆을 천하에 반포하고 실행하였다.

⑤ 服色복색

신주　오행五行이 순환하고 반복하는 순서를 고찰해서 오행五行 중 그 시대에 맞는 한 행行을 정해 그 행이 나타내는 색을 숭상하고 의복, 깃발, 부절符節의 기 등에 그 색을 써서 그 나라를 상징했다. 금金은 흰색, 목木은 청색, 수水는 흑색, 화火는 적색, 토土는 황색을 상징하고 있다.

15년 황룡黃龍이 성기成紀에서① 나타나자 천자가 다시 노나라의 공손신을 불러 박사博士로 삼고 토덕土德의② 사업을 밝혀 펴게 했다. 이에 문제가 조서를 내려서 말했다.

"이물異物의 신神이③ 성기成紀에 나타났는데 백성들에게 해를 끼치지 않았고 이 해는 풍년이 들었다. 짐은 친히 교외에 나가 상제上帝와 여러 신들에게 교제郊祭를④ 올리겠다. 예관禮官들은 이를 의논하되 짐이 수고로울 것을 염려해 숨기지 말라."⑤

十五年 黃龍見成紀① 天子乃復召魯公孫臣 以爲博士 申明土德②事 於是上乃下詔曰 有異物之神③見于成紀 無害於民 歲以有年 朕親郊祀④上帝諸神 禮官議 毋諱以勞朕⑤

① 成紀성기

집해 　위소는 "성기현成紀縣은 천수군天水郡에 속한다."라고 했다.

【集解】 韋昭曰 成紀縣屬天水

② 土德토덕

신주 　오행 중 토土의 색은 황색, 숫자는 5와 10, 방위는 중앙을 상징한다. 따라서 황룡이 출현함으로써 시기가 토의 덕을 입고 있음을 말하는 것이다.

③ 異物之神이물지신

신주 　황룡黃龍을 가리킨다. 황색 빛깔의 용으로 오행五行 사상에서 황색은 중앙을 상징하는데, 사신(청룡·백호·주작·현무)이 동서남북을 수호하는 상징성을 가졌다면, 황룡은 '중앙을 수호하는 신물神物'이었다. 그래서 황룡이 나타남은 상서로운 일이 생길 조짐으로 생각해서 매우 경사스러운 상징물로 여겼다.

④ 郊祀교사

신주 　《효경孝經》〈성치장聖治章〉에 "옛날에 주공이 후직에게 교사郊祀를 올리게 함으로써 하늘에 지내는 제사와 걸맞게 하였다."라고 했다. 임금이 동지冬至에는 남쪽 교외에서 하늘에, 하지夏至에는 북쪽 교외에서 땅에 제사를 지냈다. 교제郊祭라고도 한다.

⑤ *毋諱以勞朕*무희이노짐

집해 《한서음의》에 "꺼리는諱 바가 없으니 짐의 수고를 위해서 금하지 말라고 말한 것이다."라고 했다.

【集解】 漢書音義曰 言無所諱 勿以朕爲勞

유사有司와 예관들이 모두 말했다.

"옛날에 천자께서는 여름에 몸소 교외에서 상제께 제사를 지냈습니다. 그래서 교제郊祭라고 했습니다."

이에 천자가 처음으로 옹雍으로① 행차해 교제하여 오제五帝를 배알하고 초여름 4월에 답례를 했다.② 조趙나라 사람인 신원평新垣平이③ 망기④술望氣術을 보인다면서 상上을 설득해 위양渭陽에⑤ 오묘五廟를 설치하게 했다. 이에 주정周鼎도 나올 것이고 옥영玉英도⑥ 마땅히 나타날 것이라고 했다.

有司禮官皆曰 古者天子夏躬親禮祀上帝於郊 故曰郊 於是天子始幸雍① 郊見五帝 以孟夏四月答禮焉② 趙人新垣平③以望氣④見 因說上設立渭陽⑤五廟 欲出周鼎 當有玉英⑥見

① 雍옹

신주 벽옹辟雍 또는 벽옹璧雍이라고도 한다. 벽옹은 서주 때 대학이

다. 원형 건축물로 사면에 물을 두르고 있어 옹이라고 하였다.《예기》
〈왕제王制〉편에 "대학은 교외에 있는데 천자는 벽옹辟雍이라 하고 제
후는 반궁泮宮이라고 말한다."라고 했다.

② 以孟夏四月答禮焉이맹하사월답례언

신주 '맹하사월孟夏四月'은 하지夏至를 말하는 것으로 이때는 땅에
제사를 행했다. 이 제사는 토덕土德을 의미하는 황룡이 나타난 것에 대
한 답례이다.

③ 新垣平신원평

신주 신원평(?~서기전 163년)은 방사方士 또는 도사道士를 자처한 사
람이다. 효문제는 그의 망기술望氣術을 보고 중용하여 상대부上大夫로
삼고 그의 말대로 재위 17년을 후원년后元年으로 고쳤으며 분음묘汾陰
廟를 수리했다. 실제로《한서》〈교사지郊祀志〉에 "해가 다시 중천에 뜰
것이라고 말하였는데, 얼마 뒤에 실제로 해가 뒤로 물러나 다시 중천에
떴으므로, 다시 17년을 원년元年으로 삼고 천하에 큰 잔치를 베풀었다."
는 기록이 보인다. 그러나 신원평의 언행이 모두 거짓으로 밝혀졌고 삼
족이 멸족당했다.

④ 望氣망기

고대의 술사들이 구름 등을 보고 길흉을 관측하는 일종의 점술을 말한다. 망기술이 처음 등장했을 때는 주로 국가의 대사와 전쟁 상황을 예측하는데 사용했다. 전국시대 묵자는 망기술을 전쟁에 먼저 응용했는데, 그는 《영적사迎敵祠》에서 "무릇 망기에는 대장기, 소장기, 왕기, 내기, 패기가 있는데, 능히 이것을 밝힐 수 있어야 성패와 길흉을 알 수 있다.[凡望氣 有大將氣 有小將氣 有往氣 有來氣 有敗氣 能明此者 可知成敗 吉凶]"라고 했다.

⑤ 渭陽위양

집해 위소는 "위성渭城에 있다."라고 했다.
【集解】 韋昭曰 在渭城

⑥ 玉英옥영

집해 《서응도瑞應圖》에는 "옥영玉英은 오상五常을 함께 닦으면 나타난다."라고 했다.
【集解】 瑞應圖云 玉英 五常並修則見

16년 문제가 몸소 교외에서 위양渭陽의 오제묘五帝廟를 알현하고 또한 여름에 답례를 하고 적색赤色을 숭상했다.
十六年 上親郊見渭陽五帝廟 亦以夏答禮而尚赤

17년 옥배玉杯를① 얻었는데 '인주연수人主延壽(황제의 수명을 연장한다)'라는 글자가 새겨져 있었다. 이에 천자가 비로소 원년元年으로② 고치고 천하에 크게 주연을 내려 백성들이 즐기게 했다. 그 해 신원평의 사건이 발각되어 삼족을 멸했다.

十七年 得玉杯① 刻曰 人主延壽 於是天子始更爲元年② 令天下大酺 其歲 新垣平事覺 夷三族

① 玉杯옥배

집해 응소는 "신원평新垣平이 가짜로 사람을 시켜서 만들어 바친 것이다."라고 했다.

【集解】 應劭曰 新垣平詐令人獻之

② 元年원년

색은 상고해보니 "〈진본기秦本紀〉에 혜문왕惠文王 14년에 고쳐서 원년으로 했다. 또 《급총죽서汲冢竹書》에 위혜왕魏惠王이 또한 후원後元을 두었는데 마땅히 이 방법을 취했다." 또 상고해보니 "《봉선서封禪書》에 신원평新垣平이 '신이 살펴보니 해가 다시 중천에 뜰 것이라' 했기 때문에 원년을 개정했다."라고 했다.

【索隱】 按 秦本紀惠文王十四年更爲元年 又汲冢竹書魏惠王亦有後元 當取法於此 又按 封禪書以新垣平候日再中 故改元也

후원後元 2년(서기전 162년), 문제가 말했다.

"짐이 현명하지 못해서 덕을 멀리까지 베풀지 못했다. 이로써 방외方外(한나라 밖)의 나라들에게도 혹 편안히 쉬게 하지 못했다. 무릇 사황四荒 밖은[1] 그 삶이 안정되지 못하고 봉기封畿[2] 안도 부지런히 일했지만 편하게 거처할 수 없었다. 이 두 가지 허물은 모두 짐의 덕이 엷어서 멀리까지 미치지 못한 것이다. 근래 수년 동안 흉노가 변경에서 난폭하게 하여 많은 관리들과 백성들이 죽었고, 변방의 신하와 군영의 관리들이 나의 속뜻을 깨우치지 못한 것은 나의 부덕不德함이 많았기 때문이다. 무릇 오랫동안 재난으로 얽혀지고 전쟁이 이어지니 중외中外의 나라들이 장차 어떻게 저절로 편안해지겠는가? 지금 짐은 일찍 일어나고 밤이 늦어서야 잠자리에 들면서 천하를 위해 부지런히 일하고 온 백성을 위해 걱정하면서 괴로워했다. 그들의 슬픔과 근심을 생각하니 편치 않아 일찍이 하루도 마음을 놓지 못했다. 그래서 내가 파견한 사신들이 수레 덮개를 서로 바라볼 정도였으며冠蓋相望[3] 길에는 수레바퀴 자국이 이어질 정도로[4] 짐의 뜻을 선우單于에게 깨우치게 했다. 지금 선우가 옛날의 이치로 되돌아간다면[5] 사직을 도모함이 편안하고 온 백성을 편하게 함에 이로울 것이며, 친히 짐과 함께 작은 잘못도 다 버리고 대도大道를 함께해서 형제의 의를 맺는다면[6] 천하의 모든 백성들이 온전할 것이다.[7] 화친이 이미 정해졌으니 올해부터 시작하리라."

後二年 上曰 朕既不明 不能遠德 是以使方外之國或不寧息 夫四荒
之外^①不安其生 封畿^②之內勤勞不處 二者之咎 皆自於朕之德薄而
不能遠達也 閒者累年 匈奴並暴邊境 多殺吏民 邊臣兵吏又不能諭
吾內志 以重吾不德也 夫久結難連兵 中外之國將何以自寧 今朕夙
興夜寐 勤勞天下 憂苦萬民 爲之怛惕不安 未嘗一日忘於心 故遣使
者冠蓋相望^③ 結軼於道^④ 以諭朕意於單于 今單于反古之道^⑤ 計社稷
之安 便萬民之利 親與朕俱弃細過 偕之大道 結兄弟之義^⑥ 以全天
下元元之民^⑦ 和親已定 始于今年

① 四荒之外사황지외

| 색은 | 고윤顧胤이 상고해보니 "〈이아爾雅〉에 고죽孤竹, 북호北戶, 서왕
모西王母, 일하日下를 사황四荒이라고 일렀다."라고 했다.

【索隱】 顧胤按 爾雅孤竹 北戶 西王母 日下謂之四荒也

| 신주 | 이중 동쪽 경계인 고죽孤竹은 현재 하북성 노룡盧龍현 일대이
다. 은나라 제후국이자 동이족 국가인 고죽국이 있었다. 고죽국 왕자가
백이와 숙제다.

② 封畿봉기

옛날의 왕도王都 주위의 땅을 말한다. 기보畿輔·기연畿輦·경기京畿 등으로 불렸으며 중국에서는 고대 왕도가 봉기를 통할, 왕도로부터 사방천리 내의 땅을 일컫는 말이다.

③ 冠蓋相望관개상망

신주 사신의 왕래가 끊이지 않았음을 이르는 말이다.

④ 結軼於道결일어도

집해 위소가 말하길 "수레를 타고 갔다가 돌아오는데 수레 자국이 맺혀진 것과 같은 것이다. 사마상여司馬相如는 '결궤환철結軌還轍'이라고 했다."
【集解】 韋昭曰 使車往還 故轍如結也 相如曰 結軌還轍

색은 추탄생은 "軼은 '일逸'로 발음하는데 또 '철轍'로도 발음한다." 라고 했다. 《한서》에는 '철轍'로 되어 있다. 고윤顧胤이 상고해보니 사마표司馬彪는 "결結은 수레바퀴가 돌면서 어지럽게 맺힌 것을 이른다."라고 했다.
【索隱】 鄒氏軼音逸 又音轍 漢書作轍 顧氏按 司馬彪云 結謂車轍回旋錯結之也

⑤ 反古之道반고지도

신주 한고제가 흉노 묵돌선우와 화친조약을 맺은 후 흉노의 침입이 잠잠했음을 이르는 말이다.

⑥ 結兄弟之義결형제지의

신주 화친조약의 체결을 이른다.

⑦ 元元之民원원지민

색은 《전국책》에는 "해내를 제압하고 백성들을 사랑하는 것은 군사가 아니면 불가하다."라고 했다. 고유高誘는 주석에서 "원원元元(백성)은 선善하다."라고 했다. 또 상고해보니 요찰姚察은 "옛날에 사람을 선하다고 이른 것은 선인善人을 말한 것이다. 선善하기 때문에 원元이 된다. 그래서 여원黎元(백성)이라고 일렀다. 원원元元이라고 말한 것은 한 사람이 아닌 것이다."라고 했다. 고야왕顧野王이 또 이르기를 "원원元元은 옹옹喁喁과 같고 불쌍하게 여겨 사랑하는 모양이다."라고 했다. 그 설명이 편안하지는 않지만 다소 특이하기에 기록했다.

【索隱】 戰國策云 制海內 子元元 非兵不可 高誘注云 元元 善也 又按 姚察云 古者謂人云善 言善人也 因善爲元 故云黎元 其言元元者 非一人也 顧野王又云 元元猶喁喁 可憐愛貌 未安其說 聊記異也

문제가 미앙궁에서 죽다

후원後元 6년 겨울, 흉노 3만 명이 상군上郡에 들어왔고, 다른 3만 명은 운중雲中으로[①] 들어왔다. 중대부中大夫 영면令勉을[②] 거기장군으로 삼아 비호飛狐에[③] 주둔하게 했다. 초나라 재상이었던 소의蘇意를 장군으로 삼아 구주句注에[④] 주둔하게 했다. 장군 장무張武는 북지北地에 주둔하게 했다. 하내태수 주아부周亞夫를[⑤] 장군으로 삼아 세류細柳에[⑥] 주둔시켰다. 종정宗正 유예劉禮를[⑦] 장군으로 삼아 패상霸上에 거주하게 했다. 축자후祝玆侯[⑧] 서한徐悍을 극문棘門에[⑨] 주둔시켜 이민족胡을 대비하게 했다. 수개월 만에 오랑캐들이 떠나가자 또한 군대를 철수시켰다.

後六年冬 匈奴三萬人入上郡 三萬人入雲中[①] 以中大夫令勉[②]爲車騎將軍 軍飛狐[③] 故楚相蘇意爲將軍 軍句注[④] 將軍張武屯北地 河內守周亞夫[⑤]爲將軍 居細柳[⑥] 宗正劉禮[⑦]爲將軍 居霸上 祝玆侯[⑧]軍棘門[⑨] 以備胡 數月 胡人去 亦罷

① 雲中운중

신주 전국시대에는 조趙나라에 일부분 속했다가 진나라 때에는 치소治所가 운중현에 있었다. 전한 때 관할지역이 축소되었다가 후한 때 폐지되었다. 지금의 내몽고 자치구 탁극탁현托克托縣의 동북쪽에 위치하고 있었다.

② 令勉영면

집해 서광徐廣은 "중대부는 위위衛尉로 개명改名했다."라고 했다. 배인裴駰이 상고해보니 《한서》〈백관표百官表〉에 "경제景帝 초에 위위衛尉를 중대부령中大夫令으로 바꾸었는데 이 해는 아니다."라고 했다.

【集解】 徐廣曰 衞尉改名也 駰案 漢書百官表景帝初改衞尉爲中大夫令 非此年也

색은 배인이 상고해보니 〈표表〉(한서 백관표)에 "경제가 위위衛尉를 중대부령中大夫令으로 바꾸었다면 중대부령은 관호官號이고 면勉은 그 이름이다. 뒤에 이 관직을 고쳐서 광록훈光祿勳이 되었다. 우세남虞世南은 이 때문에 중대부령으로 일컬은 것은 사가史家에서 뒤따라서 기록한 것뿐이다. 안유진顔遊秦이 영令이 성姓이고 면勉이 이름인데 중대부가 되었다. 《풍속통》에 의거하면, 영은 성이고 영윤자는 문의 후손이다."라고 했다.

【索隱】 裴駰按 表景帝改衞尉爲中大夫令 則中大夫令是官號 勉其名 後此

官改爲光祿勳 虞世南以此稱中大夫令 是史家追書耳 顏遊秦以令是姓 勉
是名 爲中大夫 據風俗通 令姓令尹子文之後也

③ 飛狐비호

[집해] 여순은 "대군代郡에 있다."라고 했다. 소림은 "상당上黨에 있
다."라고 했다.
【集解】 如淳曰 在代郡 蘇林曰 在上黨

④ 句注구주

[집해] 응소는 "산이 험한 곳의 명칭이다. 안문음관鴈門陰館에 있다."
고 했다.
【集解】 應劭曰 山險名也 在鴈門陰館

[색은] 句를 복엄伏儼은 '구俱'로 발음한다고 했고, 포개包愷는 '구鉤'
로 발음한다고 했다.
【索隱】 句 伏儼音俱 包愷音鉤

⑤ 周亞夫주아부

[신주] 주아부(?~서기전 143년)는 전한시대 군사전략가로 패군沛郡(지금
의 강소성 풍현豐縣)사람이다. 강후絳侯 주발周勃의 아들로 7국의 난을 당

했을 때, 한군漢軍의 통수로 3개월 만에 반란군을 평정했다. 그러다가 한 경제 때 투옥되어 단식 후 피를 토하다가 조옥詔獄에서 죽었다.

⑥ 細柳세류

집해 　서광은 "장안 서쪽에 있었다."라고 했다. 배인이 상고해보니 여순이 말하기를 "장안도長安圖에 보니 세류창細柳倉은 위수渭水 북쪽에 있었는데 석요石徼에 가깝다."고 했다. 장읍張揖은 "곤명지昆明池 남쪽에 있다. 지금 유시柳市가 있는 곳이 이곳이다."라고 했다.

【集解】 徐廣曰 在長安西 駰按 如淳曰 長安圖細柳倉在渭北 近石徼 張揖曰 在昆明池南 今有柳市是也

색은 　상고해보니 《삼보고사三輔故事》에 "세류細柳는 직성문直城門 밖 아방궁 서북유西北維에 있었다." 또 〈흉노전匈奴傳〉에는 "장안 서쪽이 세류細柳이다."라고 했으니 여순이 위수渭水 북쪽에 있다고 이른 것은 잘못이다.

【索隱】 按 三輔故事細柳在直城門外阿房宮西北維 又匈奴傳云 長安西細柳 則如淳云 在渭北 非也

⑦ 劉禮유예

신주 　유예(?~서기전 151년)는 전한 때 초왕이다. 그의 아버지가 고제의 아우이자 초원왕楚元王 유교劉交이다. 서기전 154년 조카인 초왕 유무劉戊와 오왕 유비劉濞 등이 7국의 난을 일으켰으나, 효경제에 의해 평정되었다. 이에 유무가 자살하자 유예를 초나라 왕으로 삼았다. 재위한 지 3년 만인 서기전 151년 세상을 떠났고, 그의 아들 유도劉道가 그 자리를 이었다. 시호는 문왕이다.

⑧ 祝玆侯축자후

집해 서광은 "〈표表〉에는 송자후宋玆侯라고 했는데 성은 서徐이고 이름은 한悍이다."라고 했다.
【集解】 徐廣曰 表作松玆侯 姓徐 名悍

⑨ 棘門극문

집해 서광은 "위수 북쪽에 있다."라고 했다. 배인이 상고해보니 맹강孟康은 "장안의 북쪽에 있었던 진秦나라 때 궁문宮門이다."라고 했다. 여순如淳은 《삼보황도三輔黃圖》에 극문棘門은 횡문橫門 밖에 있다."고 했다.
【集解】 徐廣曰 在渭北 駰案 孟康曰 在長安北 秦時宮門也 如淳曰 三輔黃圖棘門在橫門外

천하에 가뭄이 들고 누리 떼가^① 창궐했다. 문제가 은혜를 베풀어 제후들에게 조공을 들이지 말라 하고 산이나 늪지대의 출입을 해제했으며^② 황제의 의복, 수레, 구마狗馬를 줄이고 낭郎의 관원을^③ 감소시켰으며 창고를^④ 열어 가난한 백성을 구제하고 백성이 작위爵位를 돈으로 살 수 있게 했다.^⑤

天下旱 蝗^① 帝加惠 令諸侯毋入貢 弛^②山澤 減諸服御狗馬 損郎吏員^③ 發倉庾^④以振貧民 民得賣爵^⑤

① 蝗황

신주 누리이다. 메뚜기 과에 속하는 곤충으로 중국의 많은 기록에서 누리 떼의 피해를 기록하고 있다. 《중국고사中國古史》와 《구오대사舊五代史》〈오행지五行志〉에 "누리 떼가 하룻저녁 풀에 내려앉았는데 풀이 다 죽었다."라고 기록하고 있다. 누리 떼가 지나가면 초토화된다는 말이 생겨날 정도로 피해가 컸다.

② 弛이

집해 위소는 "이弛는 폐廢하는 것이다. 그 일상적으로 금지한 것을 폐지해서 백성을 이롭게 하는 것이다."라고 했다.

【集解】 韋昭曰 弛 廢也 廢其常禁以利民

③ 郞吏員낭리원

낭중령郞中令에 소속된 관원이다.

④ 倉庾창유

집해 응소는 "수조창水漕倉(세금을 수송하고 보관하는 창고)을 '유庾'라고 한다."라고 했다. 호공胡公은 "읍邑에 있는 것을 '창倉'이라고 하고 들판에 있는 것을 '유庾'라 한다."고 했다.

【集解】 應劭曰 水漕倉曰庾 胡公曰 在邑曰倉 在野曰庾

색은 곽박郭璞은 《삼창三蒼》의 주석에서 "유庾는 창고에 지붕이 없는 것이다."라고 했다. 호공胡公의 이름은 광廣인데 후한後漢의 태위太尉이며 《한관해고漢官解詁》를 저술했다.

【索隱】 郭璞注三蒼云 庾 倉無屋也 胡公名廣 後漢太尉 作漢官解詁也

⑤ 賣爵매작

색은 최호崔浩는 "부유한 사람이 벼슬을 하고자 하고 가난한 사람은 돈을 갖고자 한다. 그래서 매매를 받아들이는 것이다."라고 했다.

【索隱】 崔浩云 富人欲爵 貧人欲錢 故聽買賣也

효문제가 대왕代王으로 있다가 와서 즉위한 지 23년이 되었으나, 궁실이나 원유苑囿나① 구마狗馬나 어복御服 등이 늘어난 것이 없고, 불편함이 있으면 번번이 풀어서 백성에게 이롭게 했다. 일찍이 노대露臺를② 지으려고 장인匠人을 불러서 계산하게 하니 황금 100근이 든다고 했다. 황제가 말했다.

"일백 금이면 중민中民(중산층) 열 집의 자산이다. 내가 선제先帝의 궁실을 받들면서 항상 부끄럽고 두려운 마음이었는데 대臺를 어찌 짓겠는가?"

孝文帝從代來 卽位二十三年 宮室苑囿①狗馬服御無所增益 有不便 輒弛以利民 嘗欲作露臺② 召匠計之 直百金 上曰 百金中民十家之 産 吾奉先帝宮室 常恐羞之 何以臺爲

① 囿유

신주 원園은 과수나 초목을 심는데 비해 유囿는 동물을 기르며 꽃과 나무를 심은 정원을 말한다. 그래서 궁궐에 속한 동산을 원유園囿, 또는 원유苑囿라고 했다.

② 露臺노대

집해 서광은 "노露는 다른 본에는 '영靈'으로 되어 있다."라고 했다.

【集解】 徐廣曰 露 一作靈

고씨顧氏가 상고해보니 "신풍新豐의 남쪽 여산驪山 위에 그대로 대臺의 옛 터가 있다."라고 했다.

【索隱】 顧氏按 新豐南驪山上猶有臺之舊址也

황제는 늘 거칠게 짠 비단옷을① 입었고 총애하는 신부인愼夫人에게도② 옷이 땅에 끌리지 않게 입게 하고, 휘장은 수를 놓지 못하게 해서 돈후하고 소박하게 보이는 것으로 천하의 모범으로 삼았다. 패릉覇陵(효문제의 릉)을 지을 때 모두 와기瓦器로 하고 금·은·구리·주석으로 장식을 하지 않았으며 분묘를 치장하지 않았는데, 비용을 줄이고 백성을 번거롭게 하지 않으려고 한 것이다.

上常衣綈衣① 所幸愼夫人② 令衣不得曳地 幃帳不得文繡 以示敦朴 爲天下先 治霸陵皆以瓦器 不得以金銀銅錫爲飾 不治墳 欲爲省 毋煩民

---

① 綈衣제의

집해 여순은 "가의賈誼가 황제는 몸에 검고 거친 비단옷을 입었다."라고 했다.

【集解】 如淳曰 賈誼云 身衣皁綈

신주 제의綈衣는 거칠게 짠 비단옷을 뜻한다.

② 愼夫人신부인

신주　한단邯鄲사람으로 그의 생몰과 집안에 대하여 자세하지 않다. 효문제에게 총애를 입어 당시 두황후와 함께 동석할 정도였다. 미색이 있었고, 노래와 춤에 능했으며 북과 비파 연주를 자유자재로 했다고 한다.

남월왕南越王 위타尉佗가[1] 스스로 자리에 올라 무제武帝가 되었다. 그러나 황제가 위타의 형제들을 존중하고 덕으로 보답하자 위타가 마침내 황제의 칭호를 버리고 신하라고 칭했다. 흉노와 화친했는데도 흉노가 약속을 어기고 들어와 도둑질 했다. 그러나 변방만 수비하게 했을 뿐 병사들을 징발해서 깊이 들어가지 않았으니 백성들이 번거롭고 괴로워하는 것을 싫어했기 때문이다.

南越王尉佗[1]自立爲武帝 然上召貴尉佗兄弟 以德報之 佗遂去帝稱臣 與匈奴和親 匈奴背約入盜 然令邊備守 不發兵深入 惡煩苦百姓

---

① 尉佗위타

신주　위타(서기전 240~서기전 137년)는 남월南越의 초대 군주로 조타趙佗라고도 한다. 본래 진나라의 장군으로 중국 남부 지방과 현재의 베트남 북부 지방을 원정하라는 명을 받았다. 진나라가 망하자 원정 갔던 곳에 남월국을 세웠다(서기전 204). 중국에서 재위기간이 제일 길고 가

장 장수한 왕으로 유명하다. 〈남월위타열전〉에 상세히 기록하고 있다.

오왕이 거짓으로 병을 칭하고 조회하지 않는데도[1] 관대하게 궤
장几杖(안석과 지팡이)을 히시했다. 군신들 중 원앙袁盎[2] 등과 같
은 이들이 진언함에 비록 칼로 끊듯이 날카로웠지만 늘 너그럽
게 그 의견을 받아들였다.[3]

吳王詐病不朝[1] 就賜几杖 羣臣如袁盎[2]等稱說雖切 常假借用之[3]

---

① 吳王詐病不朝오왕사병부조

신주 유비劉濞를 말한다. 유비는 한고제의 형 유중劉仲의 장자로, 7
국의 난을 주도했다가 실패한 후 동구국東甌國 사람에게 피살당했다.
이때 병을 핑계로 술직述職하지 않은 것은 이미 모반의 조짐을 보인 것
이다. 〈오왕비열전吳王濞列傳〉에 자세하다.

② 袁盎원앙

신주 원앙(서기전 약 200년~서기전 150년)은 전한 때의 관료로, 자는 사
絲이다. 본래 초나라 출신으로 고황후 때 여록의 사인舍人이 되었고, 문
제 즉위 후 낭중郎中이 되었다. 경제 때 조조晁錯의 삭번책削藩策으로 7
국의 난이 봉기하자 황제와 독대해 조조를 죽여 반란의 명분을 없애라

고 설득했다. 조조가 죽임을 당하고 원앙은 오나라 사신으로 갔으나 오왕을 설득하지 못했다. 주아부周亞夫의 활약으로 난이 진정된 후 초나라의 상국이 되었으며, 그 후 양왕이 후계가 되는 것을 막음으로써 양왕에게 원한을 사 그가 보낸 자객에게 죽임을 당했다.

③ 假借用之가차용지

집해   소림蘇林은 "假는 발음이 휴가休假할 때의 '가假'이다. 借는 음이 물건을 남에게 빌려 준다고 할 때의 '차借'와 같다"고 했다.
【集解】 蘇林曰 假音休假 借音以物借人

군신들 중 장무 등과 같은 이들이 뇌물을 받거나 금전을 낸 것이 발각되었어도 황제는 도리어 황실의 창고를 열어서 금전을 하사해 그들의 마음을 부끄럽게 만하고 아래 관리에게① 맡기지 않았다. 오직 덕으로 백성을 교화하는데 힘쓰니 이 때문에 해내海內가② 매우 부유해지고 예의가 일어났다.
羣臣如張武等受賂遺金錢 覺 上乃發御府金錢賜之 以愧其心 弗下吏① 專務以德化民 是以海內②殷富 興於禮義

---

① 下吏하리

신주 법을 집행하는 관리를 말한다.

② 海內해내

신주 바다로 둘러싸인 육지陸地라는 뜻으로, '나라 안'을 일컫는 말
이다. 중국에서는 '천하天下'라고도 한다.

태자 경제가 즉위하다

후원後元 7년 6월 기해己亥일에 효문황제가 미앙궁未央宮에서 붕어했다.① 붕어하기 전에 유조遺詔를 남겨 말했다.

"짐이 들으니 대개 천하 만물 중에서 태어나서 죽지 않는 것은 없다고 한다. 죽는 것은 천지의 이치이며 사물의 자연스런 것이니 어찌 매우 슬퍼하겠는가? 지금 처한 시대는 세상 사람들이 모두 삶을 아름답게 여기고 죽음을 싫어해서 장례를 후하게 치러 생업을 파괴하며 복服(상복) 입는 것을 중요하게 여겨 생명을 상하게 하는데, 나는 조금도 받아들이고 싶지 않다. 또 짐은 이미 부덕해서 백성들에게 도움이 되지 못했다.

後七年六月己亥 帝崩於未央宮① 遺詔曰 朕聞蓋天下萬物之萌生 靡不有死 死者天地之理 物之自然者 奚可甚哀 當今之時 世咸嘉生而惡死 厚葬以破業 重服以傷生 吾甚不取 且朕既不德 無以佐百姓

① 帝崩於未央宮제붕어미앙궁

집해 서광은 "나이 47세였다"고 했다.

【集解】 徐廣曰 年四十七

지금 짐이 세상을 떠남에 또 복상服喪을 중하게 여겨 오래도록 곡림哭臨하게 해서 더위와 추위의 변화를 겪게 하고 백성들을 슬프게 하며 어른과 어린이의 마음을 상하게 하고 그들이 먹고 마시는 것을 해치며 귀신에게 올리는 제사를 막는다면 나의 부덕不德을 더하는 것이니 천하에서 무엇이라 말하겠는가?

今崩 又使重服久臨 以離寒暑之數 哀人之父子 傷長幼之志 損其飮食 絕鬼神之祭祀 以重吾不德也 謂天下何

짐은 종묘를 보호하고 하찮은 몸으로 천하 군왕의 위에 의탁해서 20여 년을[1] 있었다. 천지의 신령과 사직의 강복降福에 힘입어 방내方內가[2] 안녕해서 전쟁이 있지 않았다.[3] 짐이 이미 불민하기에 늘 행동이 지나쳐서 선제先帝께서 남기신 덕을 부끄럽게 할까봐 두려워했고 오직 세월만 오래도록 흘러서 끝이 좋지 못할까 염려했다.

朕獲保宗廟 以眇眇之身託于天下君王之上 二十有餘年矣[1] 賴天地之靈 社稷之福 方內[2]安寧 靡有兵革[3] 朕既不敏 常畏過行 以羞先帝之遺德 維年之久長 懼于不終

① 二十有餘年矣이십유여년의

신주　효문제는 진평과 주발 등에 의해 옹립되어 서기전 180년 11월 14일 보위에 오른 후 서기전 157년 7월 6일에 붕어하기까지 23년간 재위했다.

② 方內방내

집해　신찬은 "방方은 사방四方이다. 내內는 중中이다. 중외中外라고 이르는 것과 같다."라고 했다.

【集解】 瓚曰 方 四方也 內 中也 猶云中外也

③ 靡有兵革미유병혁

집해 서광은 "일설에 이르기를 '방내方內가 편안하고 전쟁이 종식되었다.'라고 한다."라고 했다.

【集解】 徐廣曰 一云 方內安 兵革息

지금 다행히도 천수를 누려서 고묘高廟에서 다시 공양을 받을 수 있게 되었다.① 짐이 현명하지 못했는데도 아름다움을 함께 했으니② 그 어찌 슬퍼함이 있겠는가? 천하의 관리들과 백성들에게 명하니 조령詔令이 이르면 3일 동안만 상사에 임하고 모두 상복을 벗어라.

今乃幸以天年 得復供養于高廟① 朕之不明與嘉之② 其奚哀悲之有 其令天下吏民 令到出臨三日 皆釋服

---

① 得復供養于高廟득복공양우고묘

신주 한고제漢高帝 유방이 모셔진 황묘皇廟에 문제 자신의 위패가 올라 후위後位에게 공양 받을 수 있음을 말한 것이다.

② 與嘉之여가지

여순은 "여_與는 발성_{發聲}이다. 드디어 하늘이 준 수명을 마칠

수 있어서 너무 좋다는 뜻이다."라고 했다.

【集解】 如淳曰 與 發聲也 得卒天年已善矣

백성들이 며느리를 취하고 딸을 시집보내며 집안에 제사를 올리

고 술을 마시고 고기를 먹는 것도 금지하지 말라. 스스로 상사를

담당해 상복을 입고 임하는 자라도 모두 맨발로^① 하지 말라. 수

질_{首絰}이나^② 요대_{要帶}는^③ 세 치를 넘지 않게 하고 수레나 병기

들을 진열하지 말고^④ 백성을 징발해서 남자와 여자가 궁전에서

곡하게 하지 말라.

母禁取婦嫁女祠祀飲酒食肉者 自當給喪事服臨者 皆無踐^① 絰^②帶^③

無過三寸 母布車及兵器^④ 母發民男女哭臨宮殿

① 踐천

집해 복건은 "踐은 전翦(자르는 것)이다. 참최斬衰가 없는 것을 이른

다."라고 했다. 맹강은 "踐은 선跣이다."라고 했다. 진작은 《한어漢語》

에는 '선跣'으로 되어 있다. 선跣은 맨발이다."라고 했다.

【集解】 服虔曰 踐 翦也 謂無斬衰也 孟康曰 踐 跣也 晉灼曰 漢語作 跣 跣

徒跣也

[색은] 《한어漢語》는 "책 이름이다. 순상苟爽이 지었다."고 했다.
【索隱】 漢語是書名 苟爽所作也

[신주] 참최는 오복五服 중에서 가장 무거운 3년 복인데 아랫단을 꿰매지 않는다. 제후가 천자를 위해 신하가 군주를 위해 입는 복服이다.

② 首絰수질

[신주] 볏짚과 삼을 섞어서 왼새끼를 꼬아 만든 머리띠로 굴건屈巾과 상건喪巾을 고장시키는 역할을 한다. 우리나라에서는 '터드레'라고 한다.

③ 요대要帶

[신주] 볏짚과 삼으로 왼새끼를 꼬아 만든 허리띠를 말한다. 요질腰絰이라고도 한다.

④ 毋布車及兵器무포거급병기

[집해] 응소는 "옷과 수레와 병기兵器를 펼치지 말라는 것이라."고 했다. 복건은 "경거輕車와 개사介士를 쓰지 않았다는 것이다."라고 했다.
【集解】 應劭曰 無以布衣車及兵器也 服虔曰 不施輕車介士也

궁전 내에서 곡림哭臨해야 하는 자들도 모두 아침저녁으로 열다섯 명만 들어서 곡을 하고 예를 마치면 중지하라.[1] 아침저녁으로 곡림할 때가 아닌데 멋대로 곡하는 것도 금지하라.[2] 이미 장례를 마쳤으면[3] 대홍복服大紅(대공복大功服)은 15일, 소공복小紅(소공복小功服)은 14일, 섬纖의 상복은 7일간으로 하고 모두 벗게 하라.[4]

宮殿中當臨者 皆以旦夕各十五舉聲 禮畢罷[1] 非旦夕臨時 禁毋得擅哭[2] 已下[3] 服大紅十五日 小紅十四日 纖七日 釋服[4]

① 宮殿中當臨者~禮畢罷궁전중당림자~예필파

신주 《예기》〈분상奔喪〉에 사람에 따라 곡하는 위치가 나온다. "아버지 일가에 대하여는 사당祠堂 안에서, 어머니나 아내의 일가에 대해서는 침실에서, 스승에 대해서는 사당문 밖에서, 친구에 대해서는 침실문 밖에서, 알고 지내는 사람에 대해서는 밖에 장막을 치고 곡한다."는 것이다. 또 곡하는 횟수에 대해서 "천자에게는 9회, 제후에게는 7회, 경대부에게는 5회, 사士에게는 3회를 한다."라고 했다.

② 宮殿中當臨者~禁毋得擅哭궁전중당림자~금무득천곡

신주 《예기》〈단궁檀弓상〉에 "부모의 상에는 곡하는 것이 정해진 때

가 없다."라고 했다. 그러나 효문제는 이러한 절차가 백성들에게 부담이
될 것을 우려한 것이다.

③ 已下이하

[색은] 널을 광중壙中 아래로 내리는 것을 이른 것이다.
【索隱】 謂柩已下於壙

④ 服大紅十五日~釋服복대홍십오일~석복

[집해] 복건은 "대공大功과 소공포少功布를 말한 것이다. 섬纖은 세포
의細布衣이다."라고 했다. 응소는 "홍紅이란 중상中祥과 대상大祥에 붉
은 것으로 옷깃의 가선을 둘러 만드는 것이다. 섬纖은 홑옷이다. 모두
36일 만에 복服을 벗는다."라고 했다.
【集解】 服虔曰 當言大功 小功布也 纖 細布衣也 應劭曰 紅者 中祥大祥以
紅爲領緣也 纖者 襌也 凡三十六日而釋服

[색은] 유덕劉德은 "홍紅은 또한 공功이다. 남공男功은 한결같지가 않
다. 그래서 '공력工力'으로써 글자를 만들었다. 여공은 오직 실絲에 있다.
그래서 '사공糸工'으로써 글자를 만들었다. 36일은 날을 달로 바꾸기
때문이다."라고 했다.
【索隱】 劉德云 紅亦功也 男功非一 故以工力爲字 而女工唯在於絲 故以
糸工爲字 三十六日 以日易月故也

다섯 가지 상복이 오복五服인데, 즉 참최斬衰(3년), 재최齋衰(1년), 대공大功(9개월), 소공小功(5개월), 시마緦麻(3개월)가 그것이다. 망자亡者와 관계에 따라 복을 입는다. 날을 달로 바꾸는 것(이일역월以日易月)은 하루를 한 달로 쳐서 간략하게 하는 것으로 역월제易月制라고 한다.

그밖에 이 조령詔令 안에 들어있지 않는 일들은 모두 이 조령에 비례해서 일을 진행하라. 이 조령을 천하에 포고布告해 짐의 뜻을 분명하게 알려라. 패릉霸陵의 산천은 장례 때문에 그 모습이 바뀌지 않게 하라.[1] 부인夫人 이하 소사少使에 이르기까지는 자신의 집으로 돌아가도록 하라."[2]

佗不在令中者 皆以此令比率從事 布告天下 使明知朕意 霸陵山川 因其故[1] 毋有所改 歸夫人以下至少使[2]

---

① 因其故인기고

집해 응소는 "산을 따라서 (능을) 감추도록 하고 무덤墳을 다시 일으키지 않으며, 산 아래로 흐르는 시내를 막아 단절시키지 않는다. 이에 물의 이름을 능호陵號라고 했다."라고 했다.

【集解】 應劭曰 因山爲藏 不復起墳 山下川流不遏絕也 就其水名以爲陵號

색은 패霸는 물 이름이다. 물이 산을 지나니 또한 패산霸山이라고 하는데 곧 지양芷陽 땅이다.

【索隱】 霸是水名 水徑於山 亦曰霸山 即芷陽地也

② 夫人以下至少使부인이하지소사

집해 응소는 "부인夫人 밑에는 미인美人, 양인良人, 팔자八子, 칠자七子, 장사長使, 소사少使 등 총 7개 무리로 모두를 집으로 돌려보내고 거듭 사람의 무리와 단절한 것이다."라고 했다.

【集解】 應劭曰 夫人以下有美人 良人 八子 七子 長使 少使 凡七輩 皆遣歸家 重絕人類也

신주 부인夫人은 원래 주周나라 천자의 측실과 제후의 정처正妻를 부르는 위호位號다. 《예기》〈곡례曲礼〉 하에, "천자는 후后·부인夫人·빈嬪·세부世婦·처妻·첩妾이 있으며, 공후公侯(제후)는 부인·세부·처·첩이 있다."고 했다. 또한《예기》〈혼의婚儀〉에 "천자는 3부인, 9빈, 27세부, 81어처御妻가 있다."라고 했다. 《한서》〈외척열전〉에는 황제의 어머니는 황태후皇太后, 할머니는 태황태후太皇太后, 적처嫡妻는 황후이며, 첩은 다 부인夫人이라고 부른다고 전하고 있다. 또 미인美人·양인良人·팔자八子·칠자七子·장사長使·소사少使 등의 후궁의 명칭이 있었다.

> 조령에 중위中尉 주아부周亞夫를 거기장군으로 삼고, 전속국典屬
> 國 서한徐悍을① 장둔장군將屯將軍으로② 삼고, 낭중령 장무張武
> 를 복토장군復土將軍으로③ 삼게 했다. 장안과 가까운 현縣에서
> 는 1만 6,000명의 군졸을 징발하고 내사內史에서는④ 1만 5,000
> 명의 군사를 징발해서 곽郭을 저장하는⑤ 일과 묘지를 파고 복
> 토復土하는⑥ 일을 장무장군에게 위탁했다.
>
> 令中尉亞夫爲車騎將軍 屬國悍①爲將屯將軍② 郎中令武爲復土將軍③
> 發近縣見卒萬六千人 發內史④卒萬五千人 藏郭⑤穿復土⑥屬將軍武

① 屬國悍속국한

집해 서광은 "성은 서徐이다."라고 했다. 배인이 상고해보니 《한서》
〈백관표百官表〉에는 "전속국典屬國은 진秦나라 관직인데 만이蠻夷의 항
복한 자들을 관장한다."고 했다.

【集解】 徐廣曰 姓徐 駰按 漢書百官表 典屬國 秦官 掌蠻夷降者

② 將屯將軍장둔장군

집해 이기李奇는 "풍봉세馮奉世가 우장군이 되고 장둔장군將屯將軍이
라고 이름 지었는데 이는 여러 주둔군을 주관하고 감독한다."라고 했다.

【集解】 李奇曰 馮奉世爲右將軍 以將屯將軍爲名 此監主諸屯也

③ 復土將軍복토장군

여순如淳은 "묘지의 광중을 파고 제물을 묻는 일을 주관한다."
라고 했다.

【集解】 如淳曰 主穿壙塡瘞事者

復은 '복伏'으로 발음한다. 광중을 파서 흙을 담아내고 관을
내리고 묻어서 곧 묘지를 만든다. 그래서 복토復土라고 이른다. '복復'은
돌아오게 한다는 뜻이다. 또 '복福'으로도 발음한다.

【索隱】 復音伏 謂穿壙出土 下棺已而塡之 卽以爲墳 故云 復土 復 反還也
又音福

④ 內史내사

상고해보니 "〈백관표百官表〉에 내사內史는 경사京師의 관직을
관장해서 다스리는 것이다. 경제景帝가 명칭을 고쳐서 경조윤京兆尹이
다."라고 했다.

【索隱】 按 百官表云 內史掌理京師之官也 景帝更名京兆尹也

⑤ 藏郭장곽

郭(성곽)은 아마 곽槨자(덧널)일 것이다. 보통 관곽棺槨이라고 해
서 시신을 넣는 속 널을 뜻하는 관棺과 관을 싸는 겉널을 뜻하는 곽槨

으로 나뉜다.

⑥ 穿復土천복토

신주   사고師古는 "천穿은 구덩이니 흙을 파내어 하관下棺하는 것이다.
하관을 마치고 메우면 또 곧 봉분이 만들어 지는데, 그래서 이를 복토라
고 한다. 복復은 '되돌리다'의 뜻으로 음音은 복[扶目反]이다."라고 했다.

을사乙巳일에① 모든 신하들이 모두 머리를 조아리고 존호를 올
려서 '효문황제孝文皇帝'②라고 했다.
乙巳① 群臣皆頓首上尊號曰孝文皇帝②

---

① 乙巳을사

집해   《한서》에는 "을사일에 패릉霸陵에 장사를 지냈다."라고 했다.
황보밀은 "패릉은 장안과의 거리가 70리이다."라고 했다.
【集解】 漢書云 乙巳葬霸陵 皇甫謐曰 霸陵去長安七十里

⑧ 孝文皇帝효문황제

신주   《시법해諡法解》에 "자애롭게 은혜를 베풀어 백성을 사랑하는

것이 문이다.[慈惠愛民曰文]"라고 했다.

태자가 고묘高廟에서 즉위했다. 정미丁未일에 칭호를 계승해서 황제皇帝라고 했다.

太子卽位于高廟 丁未 襲號曰皇帝

효경황제孝景皇帝 원년 10월 어사御史에게 조서를 내려 말했다. "대개 들으니 옛날에 공이 있으면 조祖로 삼고 덕이 있으면 종宗으로 삼았으니[1] 예악을 제정하는 것도 각자 이유가 있다고 했다. 들으니 노래라는 것은 덕이 핀 것이고, 춤이라는 것은 공을 밝히는 것이라고 했다. 고묘高廟에서 전국주[酎]를[2] 올릴 때에 무덕무武德舞와 문시무文始舞와 오행무五行舞를[3] 추었다. 효혜제묘孝惠帝廟에 전국주를 올릴 때에도 문시무文始舞와 오행무五行舞를 추었다.

孝景皇帝元年十月 制詔御史 蓋聞古者祖有功而宗有德[1] 制禮樂各有由 聞歌者 所以發德也 舞者 所以明功也 高廟酎[2] 奏武德 文始 五行之舞[3] 孝惠廟酎 奏文始 五行之舞

① 祖有功而宗有德조유공이종유덕

集解 응소는 "처음 천하를 취한 자는 조祖가 되는데 고제高帝를 고조高祖로 칭한 것이 이것이다. 처음 천하를 다스린 자는 종宗이 되는데 문제文帝를 태종太宗으로 칭한 것이 이것이다."라고 했다.

【集解】 應劭曰 始取天下者爲祖 高帝稱高祖是也 始治天下者爲宗 文帝稱太宗是也

② 酎주

集解 장안은 "정월 아침에 술을 만들어서 8월에 숙성된 것을 주酎라고 한다. 주酎는 순純이라고 말한다. 무제武帝 때에 이르러 8월에 사당으로 모인 제후들에게 술을 맛보이고 금金을 내서 제사를 돕게 했는데, 이를 이른바 '주금酎金'이라고 한다."라고 했다.

【集解】 張晏曰 正月旦作酒 八月成 名曰酎 酎之言純也 至武帝時 因八月 嘗酎會諸侯廟中 出金助祭 所謂酎金也

③ 武德文始五行之舞무덕문시오행지무

集解 맹강은 "무덕武德은 고조高祖가 지었다. 문시文始는 순舜임금의 무舞(춤)다. 오행五行은 주周나라의 무舞다. 무덕은 그 춤을 추는 사람이 간척干戚(방패와 창)을 잡는다. 문시무文始舞는 우약羽籥(깃과 피리)을 잡는다. 오행무는 갓이나 면류관을 쓰고 의복이 오행의 색을 본받는다."라고 했다. 《예악지禮樂志》에 나타나 있다.

【集解】 孟康曰 武德 高祖所作也 文始 舜舞也 五行 周舞也 武德者 其舞人

執干戚 文始舞執羽籥 五行舞冠冕 衣服法五行色 見禮樂志

[색은] 응소는 "《예악지禮樂志》에 문시무文始舞는 본래 순舜임금의 소무韶舞인데 고조高祖가 이름을 문시文始로 고쳐서 서로 물려받지 않았다는 것을 보이게 했다. 오행무는 본래 주周나라 무무武舞인데 진시황이 이름을 오행으로 고쳤다. 상고해보니 지금 말한 '주무덕문시오행지무奏武德文始五行之舞'라고 한 것은 그 음악이 모두 무왕武王의 음악을 본받았는데, 고조가 무武로써 천하를 안정시킨 것을 말한 것이다. 곧 서로 계승하지 않는 것을 보여서 그 음악의 시작이 되었다. 진나라 이전의 문시무는 깃과 피리와 의복에 문채를 먼저 수놓았다. 그 다음에 곧 오행무를 연주했는데 오행무가 곧 무무武舞로서 방패와 창을 집는데, 옷에는 오행의 색이 있다."라고 했다.

【索隱】 應劭云 禮樂志文始舞本舜韶舞 高祖更名文始 示不相襲 五行舞本周武舞 秦始皇更名五行舞 按 今言 奏武德 文始 五行之舞者 其樂總象武王樂 言高祖以武定天下也 既示不相襲 其作樂之始 先奏文始 以羽籥衣文繡居先 次即奏五行 五行即武舞 執干戚而衣有五行之色也

[신주] 순임금은 동이족 임금으로서 소무는 동이족의 음악이다. 공자는 이를 진선진미하다고 극찬했지만 주나라 무왕의 무악에 대해서는 진미하지만 진선하지는 않다고 평가했다. 고조는 순임금의 소악의 이름을 문시로 고치고 처음 시始자를 써서 소악을 계승하지 않은 것처럼 꾸몄다는 뜻이다.

효문황제께서 천하에 군림하실 때 관문과 다리를 개통해 먼 지방도 다르게 여기지 않으셨다.[①] 비방을 못하게 하고 육형肉刑을 없앴으며, 장로들에게 상을 내리시고 고아와 자식 없는 노인[獨]을 불쌍하게 여기셔서 거둠으로써 만민을 기르셨다. 즐기려는 욕심을 줄이시고[②] 공물을 받지 않으셨으며 그 이로운 것을 사사로이 하지 않으셨다. 죄인을 처자식에게 연좌시키지 않으셨고[③] 죄 없는 이를 처벌하지 않으셨다. 궁형宮刑을 없앴고 미인美人들을[④] 궁에서 나갈 수 있게 했으며 사람들의 후대가 단절되는 것을 중요하게 여기셨다.

孝文皇帝臨天下 通關梁[①] 不異遠方 除誹謗 去肉刑 賞賜長老 收恤孤獨 以育羣生 減[②]嗜欲 不受獻 不私其利也 罪人不帑[③] 不誅無罪 除(肉)[宮]刑 出美人[④] 重絕人之世

① 通關梁통관량

<u>집해</u>　장안은 "효문제 12년에 관문을 없애고 전령傳令을 사용하지 않아서 멀고 가까운 곳을 하나로 대했다."라고 했다.
【集解】　張晏曰 孝文十二年 除關 不用傳令 遠近若一

② 減감

서광은 "감減은 다른 책에는 '멸滅'로 되어 있다."라고 했다.

【集解】 徐廣曰 減 一作滅

③ 罪人不帑죄인불노

소림은 "형벌이 처자식에게 미치지 않았다."라고 했다.

【集解】 蘇林曰 刑不及妻子

④ 美人미인

여기서는 황제의 후궁인 부인夫人·미인美人·희姬를 통칭하고 있다.

짐은 민첩하지 못해서 잘 알지는 못한다. 이 모두가 상고시대에는 미치지 못했지만 효문황제께서는 친히 행하셨다. 후덕함은 하늘과 땅 같아서① 이로운 혜택을 온 세상에 베풀어 복을 얻지 않은 자가 없었다. 광명은 태양과 달을 닮았으나 종묘의 음악이 이에 걸맞지 않으니 짐은 매우 두렵다. 효문황제의 묘廟를 위해 소덕무昭德舞를② 만들어 아름다운 덕을 빛나게 하라. 그런 후에 조종祖宗들의 공덕을 죽백竹帛에 기록하고 만세에 드러내어 영원무궁하게 한다면 짐은 매우 기쁠 것이다. 승상과 열후, 중이천석中二千石과 예관禮官들이 함께 예의를 만들어 상주하라."

朕旣不敏 不能識 此皆上古之所不及 而孝文皇帝親行之 德厚侔①天地 利澤施四海 靡不獲福焉 明象乎日月 而廟樂不稱 朕甚懼焉 其爲孝文皇帝廟爲昭德之舞② 以明休德 然後祖宗之功德著於竹帛 施于萬世 永永無窮 朕甚嘉之 其與丞相 列侯 中二千石 禮官具爲禮儀奏

① 侔모

[집해] 이기李奇는 "모侔는 가지런하다는 뜻이다."라고 했다.

【集解】 李奇曰 侔 齊等

② 昭德之舞소덕지무

문영은 "경제景帝가 고조의 무덕무武德舞를 채택해서 소덕무昭

德舞를 만들고 문제묘文帝廟에서 춤추게 한 것이 《예악지》에 나타나 있

다."라고 했다.

【集解】 文穎曰 景帝采高祖武德舞作昭德舞 舞之於文帝廟 見禮樂志

승상 신臣 신도가申屠嘉[1] 등이 아뢰었다.

"폐하께서 긴 효도를 생각하셔서 소덕무昭德舞를 이루어 효문황제의 성대한 덕을 밝히려고 하시는데, 여러 신하와 이 신도가 등이 우매해서 미치지 못했습니다. 신들이 삼가 의논하건대 세상에서 공은 고황제보다 크신 분이 없고 덕은 효문황제보다 성대하신 분이 없으십니다. 고황제의 묘廟는 황제가 되신 분 중 태조묘太祖廟가 되는 것이 마땅하고, 효문황제의 묘廟는 황제가 되신 분 중 태종묘太宗廟가 되는 것이 마땅합니다. 천자께서는 마땅히 대대로 조종의 묘에서 제사를 받들어야 합니다. 군국郡國의 제후들도 마땅히 각각 효문황제를 위한 태종묘太宗廟를 세워야 할 것입니다. 제후왕이나 열후列侯의 사신들은 천자의 제사를 모시게 하고 해마다 조종묘祖宗廟에 제물을 바치게 해야 합니다.[2] 이를 죽백竹帛(대나무와 비단)에 기록해서 천하에 선포하기를 청합니다."

경제景帝가 제制에서 "그렇게 하라."고 했다.

丞相臣嘉[1]等言 陛下永思孝道 立昭德之舞以明孝文皇帝之盛德 皆臣嘉等愚所不及 臣謹議 世功莫大於高皇帝 德莫盛於孝文皇帝 高皇廟宜爲帝者太祖之廟 孝文皇帝廟宜爲帝者太宗之廟 天子宜世世獻祖宗之廟 郡國諸侯宜各爲孝文皇帝立太宗之廟 諸侯王列侯使者侍祠天子 歲獻祖宗之廟[2] 請著之竹帛 宣布天下 制曰 可

① 申屠嘉신도가

신도가(?~서기전 155년)는 양梁나라 여주汝州 사람이다. 그는 무사의 신분으로 한고제를 따라 항우의 군대와 싸운 공으로 도위都尉로 승진했다. 효혜제 때는 회양군수로, 관내후의 작위를 받았으며, 장창張倉이 승상에 올랐을 때 어사대부로 승진했다. 효문황제는 장창을 정승에서 면직시키고 그를 정승으로 임명한 후 안후安侯로 봉했다. 한고제, 효혜제, 효문제, 효경제를 모셨다.

② 歲獻祖宗之廟세헌조종지묘

집해 장안은 "왕王과 열후列侯들이 해마다 때가 되면 사신을 경사京師에 이르게 해서 사祠를 모시고 제사를 돕게 한다."라고 했다. 여순은 "광무묘光武廟가 장릉章陵에 있으니 남양태수南陽太守가 사신으로 칭하고 제사에 가서 제사를 지내는 것과 같다. 제후왕의 제사에는 사신을 보내지 않는데, 제후는 천자를 조祖로 삼을 수 없기 때문이다. 무릇 종묘의 제사에 임하면 모두 제사를 모셔야 한다."고 했다.

【集解】 張晏曰 王及列侯歲時遣使詣京師 侍祠助祭也 如淳曰 若光武廟在章陵 南陽太守稱使者往祭是也 不使侯王祭者 諸侯不得祖天子也 凡臨祭祀宗廟 皆爲侍祭

태사공은 말한다.

"공자孔子께서는 '반드시 한 세대가 지난 뒤에야 인仁이 이루어진다.[1] 선인善人이 나라를 다스리는 것이 100년이면 또한 잔악함을 눌러 이기고 살육을 제거할 수 있다.'[2]고 하셨으니 진실로 옳은 말이로다! 한漢나라가 일어나서 효문황제에 이르기까지 40여 년 만에 덕이 지극히 성대했기 때문이라. 지난 날 늠름하게도 역법과 복제를 바꾸고, 천지의 신령들을 잘 받들어 모셨으니, 그 겸양함은 지금에도 이룰 수가 없도다. 아! 어찌 어질다고 하지 않으리까."

太史公曰 孔子言 必世然後仁[1] 善人之治國百年 亦可以勝殘去殺[2] 誠哉是言 漢興 至孝文四十有餘載 德至盛也 廩廩鄕改正服封禪矣 謙讓未成於今 嗚呼 豈不仁哉

① 世然後仁세연후인

집해 공안국은 "30년을 세世라고 한다. 만약 명을 받아서 왕자가 된 자는 반드시 30년의 인정仁政을 해야 이에 성취된다."라고 했다.

【集解】 孔安國曰 三十年曰世 如有受命王者 必三十年仁政乃成

② 勝殘去殺승잔거살

왕숙은 "잔인하고 포악한 사람을 이겨 악을 하지 못하게 한다. 거살去殺은 죽이는 것을 사용하지 않는다는 뜻이다."라고 했다.

【集解】 王肅曰 勝殘暴之人 使不爲惡 去殺 不用殺也

사마정이 펼쳐서 밝히다.

효문제는 대代에 있으면서 대횡大橫이 되는 조짐을 만났다. 송창宋昌은 책冊을 세우고, 강후絳侯는 받들어 맞이했다. 남면하여 겸양하자, 천하 가 정성으로 귀의했다. 농업에 힘쓰고 호적 관리를 우선하며, 덕을 펴고 군대 일을 놔두었다. 처벌을 없애고 비방목誹謗木을 깎아 놓으며, 정치 는 간소하고 형벌은 맑아졌다. 질박한 옷으로 풍속을 따랐고, 노대露臺 를 짓지 못하게 했다. 장무張武에게 법의 관용을 베풀었고, 제영緹縈을 불쌍히 여겨 옥살이로 대신하도록 했다. 패릉霸陵을 예전과 같도록 했 으니, 천년에 칭송의 소리로구나!

【索隱述贊】 孝文在代 兆遇大橫 宋昌建冊 絳侯奉迎 南面而讓 天下歸誠 務 農先籍 布德偃兵 除帑削謗 政簡刑淸 綈衣率俗 露臺罷營 法寬張武 獄恤緹 縈 霸陵如故 千年頌聲